民初報壇變色龍

薛大可憶往錄

薛大可　原著・蔡登山　主編

導讀　薛大可和他的《憶往錄》

蔡登山

薛大可在民國年間是報界名人，他與劉少少、黃遠庸同為報壇怪傑。他是湖南才子，也是文壇一傑，詩文均有根底。他平生有一「悔不該」的往事，乃是在袁世凱稱帝時他列名「勸進表」，因此有人指稱他為「洪憲餘孽」。

薛大可（一八八一－一九六〇），字子奇，湖南益陽人。與胡林翼為同鄉，少年時期，其立身處世，放蕩不羈，亦與胡公少年時期相似。他常說：「早年是一個酒徒，中年是一個賭徒，晚年則為一釣徒。」他少年時之酒徒，據云有一斗亦醉，一石亦醉之概。民國初年他任國會眾議院議員，議論縱橫，常為時論所重。也自然與當時權貴，多所往來。花天酒地，豪放自如，似乎不大拘於細節。

民國初年，袁世凱一心要恢復帝制，一幫文人跟在身邊大吹法螺，夢想成為袁氏王朝的開國功臣，將來也有個好位子坐坐，薛大可就是其中一個。《亞細亞日報》是袁世凱任大總統後，直接出巨資，由薛大可出面所辦的御用報紙。該報曾經在北京、上海出版。其中北京版於一九一二年六月創刊，薛大可任主編，樊增祥、易順鼎等人任撰述，每日出三大張。上海版於一九一五年九月十日日創刊，亦是薛大可任主編。北京版和上海版均擁護袁世凱，曾積極為袁世凱稱帝製造輿論。薛大可一時成為帝制的要人，袁世凱登基，《亞細亞日報》率先改以洪憲紀元，並尊袁為「今上」。薛大可隨各方諂媚者上表稱賀，表文自稱「臣記者」。袁稱帝之日，召薛大可等「報界代表」入新華宮賜酒，用一個大缸盛滿黃酒，叫他們圍著缸喝酒，美其名曰「皇澤普被」。賜酒罷，薛大可等北面稽首九叩，三呼萬歲。

據同為報人羅敦偉的文章說薛大可嘗與吳光新之流聚賭，呼盧喝雉，一夜之間，輸贏數十萬銀元。據聞某夜正與吳博，時張宗昌任某直屬混成旅長，哭喪著臉侍立在側，不發一言。詢之謂來京領全旅軍餉。偶來賭博，將餉輸盡，無法明日回去發餉。吳光新是時任陸軍總長，薛遂向吳建議：「我們不過為興之所至，輸贏本無所謂。彼既將全旅軍餉輸盡，無法回營。何不將吾等所贏付還之，俾其明早回營辦事。」吳直謂：「這是他本人的事，與我們無關。那個叫他來賭博！」表示不肯退還。薛當時與張無深交，惟感到不能以賭博，妨及軍旅。於是即席而起，謂我來推莊。輸，算我的；贏，即發還給張回去發餉。果然，手氣大紅，連賭皆捷。頃刻之間即足一旅軍餉而有餘，遂付還予張宗昌。並戒張曰：「效坤！（張宗昌之號）賭場如戰場。戰場有戰術，賭場亦有賭術。既不嫻賭術，不可輕於嘗試。」張娓娓而退。私衷感激薛氏。後張宗昌官運亨通，地位蒸蒸日上，貴為山東督軍時，特聘薛氏為高等顧問。但薛大可認為張宗昌為一粗魯鄙夫，故未前往就任。

一九二六年八月五日，著名報人林白水在他的《社會日報》上發表了時評文章，罵張宗昌的心腹紅人潘復為「腎囊」。當天夜裡，林白水就被抓了起來。次日凌晨，薛大可直奔張宗昌官邸，他要去營救林白水。等到他趕到張府的時候，不出意外，張宗昌正在打牌。同時趕到的還有楊度，他也是來勸張大帥槍下留人的，但張大帥牌局未散，任由楊、薛二人百般勸說，全不理會。薛大可急了，撲通一聲跪倒在地，聲淚俱下地說：「大帥，少泉（林白水字少泉）實不可殺！若殺此人，報界人人自危，首都民心盡失，連外國人都會指責大帥鉗制輿論。某等乞留少泉一命，非為少泉惜，實為大帥全譽耳！」雖是情急之中，卻說得字字妥貼，入情入理。大帥終於發話了，「立即執行」改成「暫緩執行」吧！但林白水的命到底沒有保住，張大帥的手令剛到，憲兵司令王琦報告：半小時前，槍決已執行。

一九四九年，薛大可不知何動機，來了台灣。寓台北建設廳招待所，之後省政府南遷，建設廳招待所改歸警務處管轄，改設台省警務處招待所。開始清理房屋，對於原居人一律下逐客之令。所幸薛氏原與該所管理員交誼甚篤，他們對之素來禮重。但改隸警務處後，亦不能安居。幸羅敦偉向警務處郭永處長說明，乃得以居住。他來台時，只帶姨太太一名，因不治生產，由大陸帶來的少數積蓄，久已用罄。他曾想以舊日之律師資格，執行業務。但當時來台之律師甚多，有立法委員而兼律師者，比比皆是，薛氏的律師業務，遂一蹶不振。但老詩人風流仍不減當年，終日詩酒自娛，別署「南溟老漁」。人們戲語「薛老先生已不漁名，只是漁色了。因為他專愛為女人作詩詞。」

有一位滿清貴族唐石霞女士，她是末代皇帝溥儀的弟弟溥傑的原配夫人，瑾妃、珍妃的親姪女。姓「他塔拉」（漢譯是「唐」字），隸屬鑲紅旗。當年由瑾妃作主，許配給溥傑為妻，後來滿州國時代困於日本軍方的逼迫，溥傑不得已，與之離異，改娶日籍女子嵯峨浩為妻。唐石霞則避居香港及上海，以作畫自遣；其畫法全係北宗，工筆山水。一九四九年一度來台，後又卜居香港。她來台時曾以師禮薛大可，因此薛氏撰有〈石霞歌〉，捧之不遺餘力，與紅霞老人之〈石霞曲〉，傳誦一時。其次，便是坤伶「祭酒」顧正秋，也是他吟詠的對象，那時顧正秋在永樂大戲院演出，薛氏常去捧場的。他看了顧正秋演的《荒山淚》一劇後，便填了〈浪淘沙〉云：「一顧果傾城，曲譜秋聲，嬋娟三五正盈盈。河滿歌聲落雙淚，悲憤填膺。當路虎狼橫，歲歲刀兵，山川草木有餘腥。我為蒼生腸九轉，況乃佳人。」除了大大讚美顧正秋之外，還把她的名字置入詞中。而後又贈以一聯，集工部、漁洋句云：「正是江南好風景，秋來何處最銷魂。」

據報導，有一次《掃蕩報》總編輯許君武請作家吃飯，在座有著名的易君左、謝冰瑩、薛大可，還有一位劉一萍（該報編輯）等二十餘人。主人因為天熱，請大家「寬衣」，薛大可穿的白夏布長衫，卻不解脫，劉一萍向他說：「眾人都脫了，你為什麼不脫？」他說：「我沒有穿汗衣，脫了便是光桿。」其實是真話。劉卻誤以他是「倚老賣老」有些傲慢，即諷道：「這兒不是金鑾寶殿，脫衣也不失禮的。」於是兩人唇槍舌劍，大吵特吵起來，擊桌摔杯，若不是許君武即時勸解，難免大打出手。因此文讌而武散，正所謂「草草終席」。有幾位作家戲語主人說：「今天是為《掃蕩報》副刊拉稿而請客，給你們貴同鄉薛、劉兩位先生幾乎至流血，要先掃蕩酒席了。」

一九六〇年十一月一日，薛大可病逝台大醫院。薛氏當年雖享盡榮華富貴，而垂老之際卻落拓江湖。他自說晚年為釣徒，其實來台後，他一籌莫展，終年並無所釣，釣徒不過為詩人自號而已。大可，拼起來為一「奇」字，因此他號子奇。終其一生，其遭遇之奇，命運之厄，在古今亦不失為一奇人也。

薛大可晚年到臺灣，但卻在香港陳孝威創辦的《天文臺》小報，闢有「憶往錄」的專欄，寫他所親歷的人物及往事，從袁世凱到北洋軍閥，還有當時他接觸的一些文人，如所謂的籌安會「六君子」等等。他原本就是位報人，有他特別敏銳的觀察力，寫來就生動有趣。其中〈北洋軍閥外史〉是當時連載的長文。這些親歷親聞的文章，有一定的史料價值。

他過世之後，到了一九六七年其親友編印了《薛子奇先生旅臺遺稿》的自印本，薄薄的一冊，承蒙史料家秦賢次先生提供，本書也採用其中的一部分文章，至於其中的舊詩詞，因與本書內容無關，則沒有收入。

目次

洪憲餘孽「顧鰲薛大可」

尹斌

袁世凱稱帝失敗，羞憤而死後，黎元洪繼任總統，改以國務總理的名義掌握北洋政權，當時全國輿論都要求懲辦洪憲禍首，北京政府在一拖再拖的情勢下，才公佈了禍首名單，計：楊度、孫毓筠、顧鰲、梁士詒、夏壽田、朱啟鈐、周自齊、薛子奇等八人，在這張名單上好多真正的罪魁禍首都榜上無名，如段芝貴因馮國璋力保而得免，雷鎮春、張鎮芳由袁克定自彰德急電保免，曹汝霖有日本公使說項，至於洪憲六君子中的嚴復和劉師培則賴李經羲「愛惜人才」一語而免。

八大禍首中的薛子奇和顧鰲既不是罪魁，更不是禍首，也不是享有大名的人物，想不到都赫然列入禍首名單中，和楊度齊名。

薛子奇號大可，他早先是北京某報的記者，籌安會事起，結識了楊度，楊度叫他辦了一張《亞細亞報》，專門鼓吹帝制。袁世凱稱帝前後，袁克定和楊度偽造《順天時報》，刊登各地擁戴的消息送給袁過目，據說就是薛從中做的手腳，因為《順天時報》用的是日本字模，別的印刷所摹倣不來，可是薛子奇的《亞細亞報》設在后孫公園，《順天時報》設在新華門大街，相距咫尺，所以薛每天可以花錢向《順天時報》買鉛字，在《亞細亞報》排印，印成一張假的《順天時報》，每天專供袁閱覽。袁每天從這張假報上看到盡是假消息，因此薛亦可說是洪憲帝制運動中的一個要角。據說誘脅當時的名記者黃遠生和劉少少也是薛負責的，《亞細亞報》會在袁登極前兩個月在上海設分館，對外聲言已請黃遠生為主筆，劉少少為編輯，黃遠生為此曾登報否認，隨後即逃往國外，怎知他到美國後，卻被愛國華僑把他當作帝制餘孽炸死了；劉少少也從未加入《亞報》。這個《亞細亞報》的上海分社，在出報的第二天就遭愛國人士投擲炸彈，嚇得職員們不敢去上班，報紙不久也壽終正寢。薛子奇之與洪憲帝制，不過如此，比起那些洪憲帝制的重要軍政人物，就只能算小巫了。

至於顧鰲也不是帝制陰謀中的什麼紅人，他本是北京一個三四流的律師，因為楊度的關係參加了籌安會，在大典籌備處當了一名處員兼法典組主任，不少洪憲法典是出之他的手筆，他比起薛子奇來尤微不足道，想不到竟也名列榜首，遺臭史冊。

薛子奇名列禍首後，仍一直寄居北京，直到張作霖入關，雄據故都為大元帥時，薛曾一度活躍，其後又銷聲匿跡，寂寞的老死都下（編按：薛大可後來到了臺灣，一九六〇年病逝於臺北）。顧鰲後來隨楊度投奔上海杜月笙門下為門客，且在陶爾菲斯路寓所掛了一塊律師招牌，杜門下的人都尊稱他為顧師爺。

袁稱帝失敗，薛、顧名列帝制禍首後，有好事者把「顧鰲薛大可」兩人名字聯在一起徵求對聯，某名士對以「潘驢鄧小閑」，不僅字面工整，且含意諷刺，令人叫絕。

黎黃陂借刀殺人

張振武死於非命

辛亥革命之際，各省新軍營團長，響應革命，驅逐舊督撫以後，即天與人歸，自行登臺，稱為都督，如山西之閻錫山等等，不勝枚舉。惟湖南之梅馨，則打倒先佔長沙之焦達峰後，不肯自行登臺，而擁護一負有鄉望之譚延闓為都督，自己退居於師長地位，可謂讓德可風。武昌之起事，實為新軍，其奔走呼號之革命家，並非主動，且鄉望甚低，無人知其貴姓大名，故擁新軍協統黎元洪為都督，而軍民無異詞，及大局稍定，而奔走呼號之革命家，概以元勛自居，大有再演二次革命，取黎氏而代之之氣勢。當時武昌革命元勛，最難駕馭者，厥為三人，一時有三武之稱，即孫武、蔣翊武、張振武是也。張振武出身小學教員，在三武中，尤為野心勃勃，時與黎氏爭權，鬧成勢不兩立。據當時傳說，張振武在武昌暗中聯絡軍隊，作二次革命之準備，黎元洪有菩薩之稱，然畢竟是槍桿出身，到了勢不兩立之時，頓然由「菩薩相」變為「夜叉相」。惟以當時軍心浮動，不敢直接收拾張振武，以防激起軍變，乃學了曹操使黃祖殺禰衡故事，假手袁世凱，以除心腹之患，遣派心腹饒漢祥到北京，密陳袁氏，略謂：「元洪擁護中央，擁護統一，出於至誠，暫不與反對黨採一致行動，近有軍事司副司長張振武，蓄謀叛亂，搧動軍隊，希圖驅逐元洪，取而代之，以便與反對黨一致行動，反抗中央，元洪一人去留，毫不足惜，惟武昌居長江中游，一有疏虞，則反對黨可以控制整個長江，大局前途，不堪設想，元洪若在武昌將張逆收拾，誠恐彼之徒黨，搧惑軍心，糜爛地方，因是密呈總統，懇將逆張調到北京，立即正法，以消亂萌，庶幾元洪得以安枕，武昌軍心得以安定，事關大局安危，請總統鑒核」云云。袁氏遂與饒漢祥商定，由黎推薦張振武，北京則發表張振武一個籌邊使名義，誘其北來，再由黎氏電告張振武謀叛罪狀，北京則執行軍法，處以死罪。商妥後，饒氏回鄂，如法炮製，張振武果率其徒黨十餘人，前往北京，走馬上任，張振武到北京後，袁派要人，極力歡迎，大張其鴻門之宴，同時黎元洪即向袁氏，拍出萬急密電云：

大總統鈞鑒：張振武以小學教員，贊成革命，起義時充軍務司副司長，乃怙惡結黨，桀傲自恣，當武昌二次蠢動之時，振武暗煽將校團，乘機思逞，元洪念其微勞，勸以調查邊務，於是大總統有蒙古調查員之命，振武抵京，要求巨款，一言未遂，潛行返鄂，蠱惑兵士，勾結土匪，元洪愛既不能，忍亦不可，伏乞將振武立予正法，其隨行之將校團團長方維，同惡相濟，一律處決。……

官樣文章的通電

袁氏接黎元洪電後，認為此次事件，全由黎元洪負責，不怕反對黨之指責，遂命陸建章執行槍決。張振武於是日，方在交民巷六國飯店大開宴會，招待同盟會共和兩黨議員，初不料死神之降臨也。天明時，即與其同來之將校十三人，同時被捕，審也不審，問也不問，即將張振武、方維二人槍決，由步軍統領公佈黎元洪整個電文，宣布張振武罪狀。袁氏於張振武死後，給以撫卹費三千元，同來之十三人，則各給川資一千元，令其回鄂，並加警告，不得生事，致觸軍法。

此案發生後，民黨要人，大為反對，首由黃克強發表通電，指責政府殺人之手續不當，同時鄂籍參議員張伯烈等，提出嚴厲質問，要求政府提出謀亂證據，不能偏聽一面之詞。是時號稱三武之孫武、蔣翊武，均在北京，見張振武被殺，頓起兔死狐悲之感，孫武遂偕蔣翊武謁見老袁，要求給予免死券，袁氏以好言安慰之。對於參議員之答覆，仍不外卸罪於黎，其覆文有云：「此案純屬軍政，未便宣布詳情，國務總理因病不能到院，當派段總長為代表，如貴院要求證據，則令黎都督查明答覆。」

黎元洪知此舉，為眾論所不容，乃由饒漢祥作一冗長通電，列舉張振武十四大罪，並稱元洪之不獲已者三，自罪者三。此項通電，民黨中人，不過視為一種官樣文章而已。黎元洪更進一步，電辭湖北都督及副總統，並推薦黃興繼任參謀總長及湖北都督。同時卻由湖北全體軍人聯名電留，且向議會提出反質問如下：「湖北非黎副總統，無以有今日，設一旦搖動，議會諸君，能否擔此重責，請於廿四小時內電覆」云云，大似一種最後通牒，議會只好不予答覆。

黎元洪又裝著揮淚斬馬謖的樣子，處理張振武的後事，並通電：「贍其母使終年，養其子便成立。特派專員迎柩回籍，並飭沿途妥為照料，俟靈柩到鄂，元洪當親自奠祭，開會追弔，以慰幽魂」云云，這種假樣子，不能挽回各方之憤怒。黎氏素有長厚之名，從此一舉，將西洋鏡完全拆破矣。張振武靈柩到了武昌，在抱冰堂開追悼會，黎氏秘書，代黎氏作輓聯云：「為國家締造艱難，功首罪魁，後世自有定論；幸天地監臨上下，私情公誼，此心毋負故人。」此聯之用意，不過自為洗刷而已。後來三武中之蔣栩武，於民國二年九月，到全州，有所活動，為桂軍捕獲，袁氏令就地處決。惟孫武後來任進步黨理事，不再作冒險行動，得保首領以歿。

章瘋子與袁項城

章湯新婚即席賦詩

古代的文人，多有一種傲慢脾氣，提起筆來便諷刺人，開口便罵人，尤其對於有勢力之輩，倍加傲慢，倍加斥責，以至因而遭殺身之禍者有之。如三國時之禰正平，其尤著者也。

民國初年，又有一位步正平後塵之章太炎，真是一幕悲劇。章太炎素有「章瘋子」之稱，為清末名漢學家，文章高古，氣蓋一世，幼閱明末遺老著作，即抱種族思想，未嘗赴考場求功名。清末革命之說初興，章與鄒容諸子，在上海大作其排滿革命文章，為清政府控告於英租界會審公堂，判處五年徒刑。辛亥革命，始被釋出，雖在監獄幽禁多年，然瘋子之瘋，猶如故也。革命以後，太炎以革命老輩，為各方所推崇，然太炎為文章家，不能為擔任政務，故未加入革命團體。袁世凱為拉攏名流起見，特給以籌邊名義，不過懸掛一個空銜而已。章氏前妻逝世已久，自西牢得釋，籌邊充使，志意稍舒，頗感單身之苦，有湯國黎女士者，為浙江吳興人，一時有才女之稱，太炎慕其文采，遂效司馬相如，大奏求凰之曲，湯女士亦慕其學問，同意婚姻，結婚於上海猶太富翁之愛儷花園，時湯女士年二十八歲，太炎年四十五歲，相差十七歲，可謂一對老少夫妻，舉行婚禮時，名流蔡元培為介紹人，觀禮者則有革命領袖孫中山、黃克強、陳英士諸公。婚禮之隆，可謂極一時之盛。舉行婚禮後，開新婚宴於一品香酒樓，太炎即席賦新婚詩云：

吾生如稊米，亦知天地寬。振衣涉高岡，招君雲之端。

太炎又賦謝媒詩云：

龍蛇興大陸，雲雨致江河。極目龜山峻，如今有斧柯。

新娘湯女士亦即席賦詩云：

生來淡泊習蓬門，書劍攜將隱小村。
留有形骸隨遇適，更無懷抱向人喧。
消磨壯志餘肝膽，謝絕塵緣慰夢魂。
回首舊遊煩惱地，可憐幾輩尚生存。

昔人稱新婚雙璧，為男才女貌，這一對老少新人，可稱為男才女才矣。太炎結婚後，辭去袁世凱所予之籌邊使空名，在西湖渡蜜月，以表示傾向南方之意。到二次革命發動後，太炎或有所計畫，冒然重到北京，袁世凱疑其行動，派人加以監視。數月後，太炎寫信給指揮監視之陸建章云：

朗齊足下：入都三月，勞君護視，余本光復前驅，中華民國，由我創造，不忍其覆亡，故入都相視耳。適來親察所及，天之所壞，不可支也。余亦倦於從事，又迫歲寒，閒居讀書，宜就溫暖，數日內，當往青島，與都人土斷絕往來，望傳話衛兵，勞苦相謝。

太炎又寫信致袁云：

大總統執事：幽居京師，憲兵相守者三月矣，欲出居青島，以反初服，而養痾疾。抵書警備副司令陸君，以此喻意，七日以來，終無報命，如可隱忍，以導出疆，雖在異國，至死不敢謀燕。

章太炎大鬧總統府
湯國黎堪比杞梁妻

袁世凱接信後，以太炎脾氣太大，今既因監視，開罪於他，正當南北開戰之際，自然不肯放他離開北方。太炎憤極，跑往東站，希圖逃走，被憲兵扭回。太炎更憤，自往總統府見袁，袁不出見，坐在客廳老等，袁氏相應不理，由是太炎破口大罵，打碎茶碗，怒得不可開交。袁氏乃將其送入龍泉寺加以幽禁，而美其名曰「請太炎著書」，發揚國學，飲食供給，並不菲薄，比之在上海西牢時，優待多矣。

過了一年以後，湯國黎女士寫信給袁世凱云：「頃接外子電稱，匯款適足償債，我仍忍饑，六日二粥而已。君來好收吾骨，病中譯閱，痛絕。外子生性孤傲，久蒙總統海涵，留京原屬保全盛意，惟舊僕被擯，通信又難，深居龍泉，殊乏生趣，伏乞曲賜慰諭，量予自由，俾勉加餐，幸保生命。黎結褵一載，信誓百歲，唧環結草，圖報有日……」云云。

到了徐世昌做國務卿之際，湯女士又寫信致徐，請求釋夫，措辭至為哀痛，大杞有梁之妻哭夫山崩之氣概。然終未能感動彼輩也，其函云：

外子好談得失，罔知忌諱，語或輕發，心實無他，自古文人積習，好與勢逆，處境愈困，發言愈狂，屈子憂憤，乃作離騷，賈生痛哭，卒以夭折，是可哀也！外子若不幸而遽殞，生命輕若鴻毛，特恐道路傳聞，人人短氣，轉為大總統盛德之累耳！氏欲進京侍疾，顧氏母年七十，夙嬰癱瘓之疾，動止需人，若棄母北上，何以為子，不止則外子屢病危殆，殊難為懷。棄母則不孝，遠夫則不義，氏之進退，實為狼狽。用敢迫切陳詞，惟相國哀而憫之，乞賜外子早日回籍，俾得伏處田間，讀書養氣，以終餘年，則不獨氏骨肉生聚，感激大德，即大總統優容狂瞽，抑亦千秋盛事也。氏侍母得間，益當勸令杜門，無輕交接，萬一外子不知戒悔，復及於戾，刀鋸斧鉞，氏共甘之。

徐世昌接了這篇陳情表，雖頗感動，然以章瘋子到南方以後，必有反應文字發表，故不肯作主，解除管束。但太炎門徒黃侃，經李經義介紹於徐世昌，請往龍泉寺見太炎慰問。徐令看守人，准其入見，大談其學問。太炎精神，極為飽滿，當時有太炎挨餓之說，非事實也。

張學良要楊度的腦袋

楊度遊說張宗昌

楊度的縱橫百變，天馬行室，一人獨往，無非是採用現實主義與急功主義。孫中山到東京組識同盟會時，以楊氏在留學界，大顯才名，曾數次訪問楊氏。意欲拉其加入同盟，努力革命，楊氏的答覆是：「我不反對革命，但我不願加入團體，束縛行動，我當在團體外，另闢路線，殊途同歸。」中山之拉攏人才，頗有周公吐哺求賢若渴之氣概，奈楊度是天馬行空不受啣勒之策士，且當時革命團體，甫經組識，自楊度視之，乃是一種冒險行為，毫無把握之投機事件，況甫經在上海與楊毓麟組織華興會，受了意外打擊，驚魂未定之際，故婉辭謝絕，而以另闢路線殊途同歸為托詞，但後來楊度果是東闢一條路線，西闢一條路線，走入歧途，皆是此路不通，失望而返。楊度在北方軍閥紊亂時期，以在袁世凱時代，單槍匹馬，任意橫行，為馮、段諸人所厭棄，縱橫之策，無從施展，乃投入共黨懷中。當時共黨勢力微弱，並無可以利用之處，楊氏之為此，不過聊以消遣消遣而已。當國民軍北伐聲勢極盛之際，楊氏認為施用縱橫手段之機會到來，乃不惜降低身分，受長腿將軍張宗昌顧問之聘，暫居山東督軍署內。楊氏此行，負有一種分化任務，因是時北伐軍已據有長江上游，聲勢極盛。國民黨元老李石曾，為河北人，先到北方，意圖分化北方軍閥，冀收不戰自潰之奇效。楊度與李石曾數度接觸，遂以分化張宗昌自任，居督署後，日鼓如簧之舌，勸張宗昌響應南軍，以謀發展，楊氏之意，蓋有慕於楚漢戰時之酈食其以三寸之舌，下齊國七十二城故事，以為鑽入南軍之階梯。張宗昌乃一位純粹鬍子，甚麼也不了解，聞楊氏再三遊說，頗為心動。事機不密，風聲傳入張作霖之耳，乃命小遼東王張學良偕姜登選同到濟南，力加勸阻，謂南方黨軍，與我們北方軍隊，無共處餘地，並詳述南軍異視北軍之種種事實，張宗昌聽了這番挑撥之言，憤然曰：「楊度這個傢伙，到底是一個南方人，他叫我響應南軍，真正豈有比理。」於是，便將楊度遊說之詞，一五一十，告訴了小張。我是時適客遊濟南，張學良乃語我云：「你與楊度，是好朋友麼？」余應之曰：「是好朋友。」張學良更怒目厲聲曰：「請你轉告楊度，我們要他的腦袋。」我應之曰：「何至如此？」張曰：「他引誘老效投降南軍（張宗昌號效坤），豈不該殺。」我應之曰：「我想楊度，不至如此，恐怕有語言上之誤會罷，我向楊度問明情形，再行答覆。」我即到楊度處，告以危險情形，商量得一種解釋方法，謂楊某向老效所說，乃是斡旋南北和議之意，並不是引誘老效單獨投降南軍，如果認為南北有議和可能。自當由老效轉商張雨師，成立一個整個南北和議，解決時局，楊度為北方派，決不肯引誘張老效單獨投降，以拆自己之臺。我以比種措詞，轉告小張，小張之怒稍息，我隨即介紹楊度與小張面談，楊度復鼓其如簧之舌，小張殺楊之意，為之打銷。小張輩視殺人如草芥，此舉可謂楊度晚年所遇之

原來是上海技術最高的海式先生，那時的北方軍人，皆是以豪賭為生，有人向他們介紹這位海式先生名手，他們自當吐哺歡迎，由此這位海式先生，遂為為吳光新、潘復、張宗昌之座上客，每晚賭局，都有這位海式少年，在旁參加，但他並非豪賭家，不過在場照料，以防他人頑番把戲而已。

這位先生除奔豪門外，尤喜為各士捧場。楊度、章士釗之與杜月笙交住，均是這位海式少年，替他們作了橋樑。楊度因有縱橫企圖，便授意海式少年，勸說狗肉將軍拉攏名士，增加聲價。狗肉將軍是無可無不可的，聽了海式少年的話，便說請楊先生到濟南來。楊氏到濟南後，便對張宗昌開始遊說，盛稱南軍為富有朝氣，並由某外國接濟數萬槍炮，以後並源源接濟，南軍有此後援，故戰無不克，今欲轉禍為福，莫如響應南軍，不但可以保守山東地盤，且可將江蘇安徽二省，據以為己有，失此機會，後悔莫及。張宗昌雖然是個老祖，但素來野心勃勃，聽了楊度這些縱橫之說，自然認為權以接受，恰巧張學良，姜登選來到濟南，說以南北不能共處之言，張宗昌便又翻悔前諾，變更主張，幾乎將楊度的腦袋送掉。我何以能說動張宗昌，為楊解圍呢？此事說起來，又是一件小說資料，方段祺瑞作總理時，吳光新任陸軍部長，張宗昌是時方任混成旅旅長，駐紮贛湘交界之萍鄉縣。那時的混成旅，是直隸於陸軍部，張宗昌帶了參謀來北京領餉，吳光新是一個賭鬼，每晚非賭不歡，常常叫些女條子與男子（梅博士之流）相聚而呼盧喝雉。張宗昌更是一個狗肉將軍，數日之間，將所領的二十萬元軍餉，全部輸光，他看見我是一個筆桿光棍，可以無話不說，他便對我說：「我所領的軍餉，全部輸光，回去無法交代，你能主張公道，以救我之困難否？」那個時候的我，一股壯氣，方以朱家、郭解自命，聽了張宗昌之言，便向吳光新提議云：「張旅長，將軍餉輸完了，我們應當為他想個法子。」吳光新把眉一縐，便高聲曰：「誰叫他來亂賭，輸完了，活該，活該。」我便說：「我們的賭博，原是頑意兒，我們退還一部分，等他回去，發了軍餉再說罷。」吳光新無可奈何，只得答應我的提議，將所贏的七萬元全部退去，我及其他稍有面子賭友，均將所贏得的退還，湊足了十五萬元，退還張宗昌，並勸張宗昌，不要賭了，快回去發軍餉。

百廿萬美金舊賭債

後來張宗昌加入奉派，由冷口入關，打倒了吳佩孚，做了山東督軍。某日在天津潘復家裡錯錢，有人提到賤名，張宗昌聽了，便說：「薛某是我的恩人，快點找他來。」我便到天津，加入賭場。他回山東的時候，給了我二十萬山東銀行發行的債券，作我報社的基金，他把我當作洗衣供食的漂母，酬以千金之報。李太白詩云：「感子漂母惠，愧我非韓才。」張宗昌千金酬漂母，固有韓信氣概，然謀略智慧，比之韓信，則有天上地下之別矣。

余以區區賭場中之微末因緣，得以解楊度之圍，後來張宗昌槍斃名報人林白水，余跪求赦免，亦承其答應不殺，可惜遲了半個鐘頭，未能救得同行一命，乃我平生一恨事也。我今談賭場故事，因而想起與張學良一段賭博故事，附記之，以博讀者一笑。

余在張學良作少帥時，往遊瀋陽，張學良邀我住在他的藏嬌之所，那時他的如夫人，並不是後來的趙四小姐，而是號稱大洋馬的一位胖美人，我在他家住了十餘日，那時是舊曆新年，每晚總是賭到天亮，我們賭的是日金票，我與張學良是一對大賭柱，我與他的柱碼，是用籌碼計算，在旁賠賭的，是以現金票出入，賭的結果，我所帶的二萬元日金票，被他的左右，塞入荷包去了，旬日之後，我與張學良算賬。他總共輸我日金一百七十萬元，折合美金一百二十萬，我當時以為贏得太多，並不希望他全部交出，以為他必定交出一部分，敷衍面子，那曉得他不是真豁子，而是假闊少，等我回北京時，他竟一毛不拔，他對我的送行語是：「大哥，我們到北京再見，」我也不動聲色，點頭作別，後來曾在張學良處作過秘書的陳贛一語我云：「你真是個奇人，小張欠你這樣大款，如何提也不提。」我答云：「你是在豁子處作秘書，不懂得豁子作風，豁子綁票有兩種：一種為文綁票，一為武綁票。何謂武綁票呢？將你綁去，限期贖票，否則撕票？你如果是一個有錢的人，他約你聚賭，他贏了，趕快拿來，他輸了，一毛不拔，則便叫做文綁票。我此次遊瀋陽，算是被綁一交，有何話說。」

我近年飄流臺島，故人中有知當日情形者，語我云：「你何不向小張索點舊債，以為養老之資？」我則含笑答云：「當日他在猛虎逞威之際，我不敢向他索債，他今日已落穽，我反向他索債，豈大丈夫之所宜出耶？假令我今天手中尚有幾文則我當以肥豬大肉，餉此落穽之虎，何忍提及往事耶！」

由楊度想起王湘綺勸進

幾副輓聯，意在言外
勸進電文，酸氣十足

我已將故友楊度的縱橫百變，寫了多次，尚有多少軼事，特加補寫，以供讀者談資之一助。楊度在晚清時，曾應經濟特科考試，同考之梁士詒，考取第一名，楊考第二名。有人向西太后進言，指梁楊為康梁同黨，因之未得授官。梁士詒早點翰林，故仍在北京供職，後又入北洋大臣袁世凱幕府，立了後來交通系首領之政治基礎。惟楊度在前清時，無官職，因往日本留學，學校僅掛名而已，實際則是作政治活動。孫中山初到日本時，以楊度大有才名，頗欲羅致其人，加入革命團體，曾屢次偕程家檉訪問楊氏，楊亦屢訪中山，但楊氏是一個縱橫家，而不是革命家，終於無法結合。惟楊氏雖與中山所走路線不同，然對於中山，亦異常崇拜。中山去世後，楊氏作輓聯云：「英雄做事無他，只堅忍一心，能全世界能全我；今古成功有幾，正瘡痍滿目，半哭蒼生半哭君！」可見其推崇之意。又梁啟超死後，楊氏作輓聯云：「事業本尋常，成固欣然，敗亦可喜；文章久零落，人皆欲殺，我獨憐才。」倒袁時期，梁楊立於反對地位，觀楊氏此聯，頗有猩猩惜猩猩之意。又袁世凱死後，楊度作輓聯云：「共和誤中國，中國誤共和，千載而還，再評此獄；君憲負明公，明公負君憲，九原可作，三復斯言。」觀此聯措詞，頗有不肯認錯之意。又楊氏之受業師大名士王湘綺去世後，楊氏輓聯云：「曠代聖人才，能以逍遙通世法；平生帝王學，只今顛沛愧師承。」開口不離帝王，可發一笑。觀以上諸聯之吐屬，頗不平凡，然從另一方細味，則縱橫懷抱，又不難於言外得之。

楊度業師王湘綺與曾國藩、左宗棠為同時之人，湘人依附曾左，成名立績者，車載斗量，獨王湘綺未嘗授一職半官，因曾左皆以空闊名士視之，認為無實用之才，不肯援用，相傳王湘綺往南京謁見曾國藩時，放言高論，曾氏默不作答，只以指沾茶水在桌上寫字，及送客後，僕人見之，只見滿桌寫的「妄」字。湘綺在前清時，純以講學著書為事，到了民初，湘綺已年八十有餘，由袁世凱任為史館長，湘綺欣然就職，可謂太公八十遇文王。湘綺對袁氏，自有好感，及袁氏圖謀稱帝，湘綺已請假還湘，曾發出勸進之電，有謂係籌安會代作者，惟湘綺之為人，視世事如兒戲，有人勸其發電，自亦不至拒絕，昔揚雄以一代文豪，作美新之文，今湘綺又發勸進電及袁氏覆電，抄錄於左，用博讀者一笑，湘綺於民四年十二月十五日由湘致袁電云：

大總統鈞鑒：共和病國，烈於虎狼，綱紀蕩然，國亡無日，近聞伏闕上書勸進者，不啻萬餘人，竊謂漢語演有云：「代漢者當塗高」，漢謂漢族，當塗高，即今之元首也。又明識云：「終有一人自楚歸」。項城即楚故邑也，其應在公，歷數如比，人事如彼，當決不決，危如積薪，伏願速定大計，默運淵衷，勿委過於邦交，勿撓情於偏論，勿蹈匹夫硜守之節，勿失兆民歸命之誠，使衰年餘生，重睹天日，闓運幸甚，天下幸甚，闓運叩刪。

袁氏即日覆電如下：

衡州王館長鑒：比者國民厭棄共和，主張君憲，並以國事之重，付諸藐躬，夙夜徬徨，罔知所措，外顧國勢之棘，內懍責任之嚴，勉徇眾請，力肩大局，春冰虎尾，益用兢兢，尚冀老成碩望，密抒良謨，匡予不逮，世凱。

觀以上兩電，當日勸進之官式八股，可見一斑。

一場糊塗的民初國會

段祺瑞議場遇莽漢
梁士詒隔牆送麵包

辛亥革命，就實際言之，只可謂之民族革命，而不能謂之政治革命，何以如此說法呢？滿族以少數民族，主宰中國，雖未嘗毀滅中國文化，夫嘗奴役全體人民，然畢竟以少數民族，憑藉君主勢力，列入特權階級，而四萬萬漢族，則為被統治之人民，一旦公開刺激，民族思想，瀰漫全國，勢所必至，加以主持兵柄之袁世凱輩，素無忠君學說之信仰，故推倒滿清皇室，不費絲毫之力。若就政治革命言之，則不獨袁世凱領導之北洋系，不知民主政治為何物，即提倡民主政治之革新派，亦缺乏民主政治之素養，一意從事急性鬥爭，譬如兩隻壯牛，角鬥不已，勢必衝倒牛欄而後止。

吾人平心靜氣，回思往事，假令革新方面，皆能如孫中山、黃克強之不爭權，不鬧意氣，一面保持南方數省地盤，不輕於一擲，使北系有所忌憚，一面以民主政治風度，溶化北系，使之漸上軌道，並非絕不可能之事。奈南系則意氣用事，北系則牛性蠻幹，互鬥不已，勢非橫潰不止。

考民初南北紛擾之起因，尤以議會內之鬥爭，影響最大，當時參眾兩院議員，共八百七十席，南派擁有三百九十二席，與南派對抗之進步黨，乃由共和黨、統一黨、民主黨數個小黨合併而成，雖倚北系為後援，然亦在可離可合之間，南派議員在議會內，恃有多數議席，且民元約法，又係對人而設，束縛太甚，各國憲法，無此前例。是時議員先生，多係三十左右血氣方剛之流，在議院發言，動輒叫囂怒罵，有一次段祺瑞出席議會受質詢時，某議員於雙方對罵之際，竟至跳上演講臺，與段祺瑞相撕打，議事場幾乎變為鬥牛場！實則當時之所謂政府，並無何種政策要案，提交議會，雙方鬥口，只是意氣之爭而已。

民國二年十月，依約法由參眾兩院選舉正副總統，南派並未預備競選之人，原可由兩派協商，推選何人作正副總統，但兩派意見太深，無協商可能，袁世凱部下，以進步黨議席較少，恐袁氏不能當選，乃採用下流手段，威脅議會，暗令北京警察總監吳炳湘，僱用市民數千人，包圍議會，手執旗幟，高叫非選出總統，不許議員出院，議會於九時開始投票，第一次開票結果，袁世凱、黎元洪、李烈鈞等，皆得若干票，但皆不足法定人數，又舉行第二次投票，仍無人當選，並且廢票中，有寫優伶妓女之名者，到了下午一時，宣告休息，圍住議會的公民團，仍在高叫非選出總統，不許議員出院，鬧得一場糊塗，各議員只得在休息室枵腹等候第三次投票。有一部分議員，因與權要梁士詒有關係，由交通銀行隔牆送麵包充飢，其餘則挨餓而已。至下午二時，繼續投票，各派因憤慨袁政府之野蠻威脅，投袁氏之票者，更居少數，第四次投票，以袁世凱、黎元洪兩人決選，以得票比較多數為當選，開票結果，袁世凱當選，時已下午七時半矣。議員被圍十餘小時，充滿了恐懼與憤慨之心情，當主席王家襄宣告選舉結果，唱到袁世凱三字時，外國新聞記者在旁聽席上，用鎂光照相，轟然一聲，讓場中人，誤認為投擲炸彈，嚇得狼狽奔逃，一鬨而散，袁世凱就在電燈不明不暗鎂光照相議員驚走聲中，當選為總統，在如此狀況之下，南北兩派又如何能和平相處，有識者早已料到南北分裂，即在目前也。

趙秉鈞想作百年宰相 王揖唐終為千古罪人

袁世凱部下，以下流手段，威脅國會，選袁為總統，認為議會中人，不過如此，彌形驕傲。但是總統雖已選出，而國務總理及各部部長之任命，依照民初約法，非由眾參兩院，一一投票通過不可。選舉總統，既用公民團威脅手段矣，對於總理及各部長之任命，再一一加以威脅乎？勢不可能。袁部之下流行為，皆出自趙秉鈞之陰謀，是時趙秉鈞方唆使軍人逼走唐紹儀，而以內務總長代理總理，滿望即時實任總理，做一個永久不動之百年宰相。而在南派則以為：我們已飽受威脅，將一頂總統帽子，讓與你們，難道內閣總理一席，尚不分配於我派麼？由是高唱一黨內閣之說，絲毫無通融餘地。趙秉鈞知操縱南派議員耆為宋教仁，乃設計刺宋，以為釜底抽薪之計。南方大為憤怒，乃有二大革命之舉。

不幸二次革命歸於失敗，袁部更目空一切，毫無忌憚，便以南派議員附和革命為藉口，取消其議員資格，變相的解散國會。此後遂廢棄約法，另召集參議院，頒布所謂新約法，連向來擁護自己之進步黨，一併遺棄，只剩了少數舊官僚包圍左右，後來發生皇帝迷夢時，反袁最力之梁啟超等，皆係進步黨人，實種因於此。

袁世凱稱帝失敗死去以後，黎元洪以副總統繼任總統，恢復舊國會，推選副總統，南派並未提競選人，一致選舉馮國璋，蓋因有鑒於過往之糾紛，不願再蹈覆轍，從此由一向南北之爭持，變為北系內部之紛亂。及黎元洪受左右唆使，免去段祺瑞之總理職，因以造成督軍團之紛亂局勢。張勳大辮子，冒然復辟，表演一番滑稽戲劇，被段祺瑞起兵打倒，段派乃私相計議：「黎元洪擅免段公總理職，我們自不願再擁其復位，況舊國會向來與我派為難，留此禍根，將來必遭反噬，不如以復辟中斷法統為理由，另辦選舉，另舉總統為得計。」由是，乃決定此項大計，設籌備選舉機構於北京安福胡同，故世人以安福系稱之。

安福系擁戴段祺瑞為首腦，而以王揖唐為出面人，並未組織公開政黨，而安福系全體議員，均由首腦部指定，開今日政黨指派選舉之先聲，指選完畢，召集安福系國會，段祺瑞鑒於袁世凱、黎元洪出頭露面之節節失敗，乃避總統之名而弗居，降居總理地位，操持實權，於是由安福系議會選舉五朝長樂老徐世昌為傀儡總統，自以為推位讓國，可以銷弭各系之反對而高枕無憂矣。

安福系出面首領既為王揖唐，王氏為前清進士，能作七古詩，頗饒悲壯之氣，留學日本，入士官學校，有一日由日本教官訓練騎馬，馬場內掘有數丈闊之深溝，上架二三尺寬之狹橋，習騎者均須騎馬從此橋過去，以為練膽之演習。王揖唐為一高而且胖的大個子，騎馬到橋頭，不敢過去，教官強之，勉強過橋，行至橋中，全身發抖，連人帶馬，落入深溝，身受重傷，王揖唐遂中途退學。歸國後，以進士資格，且與段祺瑞為同邑，故走入段門，而得其親信，故以籌辦選舉委之。當段祺瑞與南方護法集團岑春煊議和之際，王揖唐任和議代表，段派失敗以後，王閒居天津，大有咄咄書空之慨，及日本人佔領東北，組織偽滿，余自哈爾濱結束報業，退回關內，王揖唐與梁鴻志、曾雲沛諸人，約余細談東北情形，余告以溥儀如同傀儡，行動不得，及日本人滅人國家的陳舊作風。後來日本人佔領北京南京，王梁二人均誤入迷途，身敗名裂以死，王揖唐地下有知，當悔不在日本墜入深溝，早日送命為得計也。

袁世凱與二十一條

朱爾典出作兩面調人
梁任公不收掛名弟子

日本自甲午戰勝中國之際，不但欲併吞我藩國，且欲割東北三省而全有之，只以俄英德法，干涉還遼，野心未得遽逞，然吞遼之慾望，固未嘗一日放棄也。第一次歐戰發生，英法陣線，欲誘致日本對德宣戰，不惜以中國為犧牲，所謂二十一條之要求，在事先實得英法之默許。中國之境遇，譬如斷乳孤兒，只有聽人擺佈，是時海軍不過巡洋艦數艘，陸軍僅有北洋新軍十餘萬，皆在日本包圍之中，雖有非常英傑，當斯危局，亦將束手無策，況袁世凱不過營混子出身，懂得甚麼外交軍事！自躬經甲午之戰以後，嚇破了膽，一經談到日本陸軍之強，便露談虎色變之狀，那裡說得上對日抗抵，莫說區區二十一條之要求，即令日本要求割讓整個東北及華北，亦只有俯首聽命耳！

民國三年七月，第一次歐戰發生，是時日本與英國結為英日同盟，經英國之引誘，日本認為參加英法陣線，可以發展侵略東方鄰國之野心，故於八月二十三日，即向德國宣戰，次日即進攻被德國佔領之青島，併在龍口登陸，侵入濰縣濟南。當時中國方宣告中立，日人之侵入山東，在國際法上，顯為破壞中立，日人肆行無忌，概所不顧，蓋日人加入英法陣線對德宣戰之目的有二：第一，欲確定日本在東北勢力範圍之地位；第二，欲將德國在山東之勢力範圍，取而代之。故宣戰之次日，即進攻青島，侵入濟南。

到了民四年一月，便對中國提出二十一條之要求，以確定其在東北進一步之地位。是時任日本總理者為獨腳伯爵大隈重信，大隈氏在日本政界，多年不得出頭，此次提出之二十一條，為其誇口之獨角名劇。袁政府接到要求後，雖異常驚恐，然猶以為不過出於討價還價手段，擬待以拖延手法，以不理理之，並請英使朱爾典，居間斡旋，以為轉圜之計。而這位密司脫朱，純用一種滑頭外交家面目，對於中國，則以好言安慰曰：「我幫忙，我幫忙。」對於日本人，則告之曰：「我支持貴國的要求。」英使這種外交伎倆，只有對於幼稚不堪之中國當局，可以使用耳。當時袁政府尚以為有靠山可倚，可以輕輕鬆鬆，解決這個嚴重要求，好似滿在乎的樣子。當時名流梁任公，作了一篇文章，在報上發表，指斥日本要求之不當，而日本報章，作文斥梁任公為親德主義者，並稱梁氏當日亡命日本時，日本朝野對之加以善意保護，今乃反抗日本要求，居於抗日地位，斥其為「忘恩負義」，日本新聞，號稱開明，乃將個人私惠與國家立場，混為一談，可謂只知有己，不知有人，言認幼稚，抑何可笑！當時余所辨《亞細亞日報》，記載日本代理公使小幡氏與梁任公一段問答談話，摘要錄左：

小幡問：「先生做這篇反日的文章，動機何在？」

梁任公：「……。」未及回答。

小幡又說：「我日本人，是不可理喻的，老實說，想乘歐戰時機，向中國有所取得，原是無理可說。」

梁任公答：「既不講理，欲如何如何，又何必提出交涉。」

這項談話，實實在在，是我當日親聞梁任公之言，據以登載的。小幡看見後，以為將他無理取鬧的惡狀，登載出來，頗不雅觀，便在日本人所辦的《順天時報》，登載否認此項談話的聲明，欲蓋彌彰，真是好笑。當梁任公發表抗日文章之後，除小幡代理公使訪梁詰問外，同時，尚有一個特務式的日本人，訪謁熊秉三，口稱極崇拜梁任公，願以贄敬五千元，拜在梁氏門下為弟子，請熊氏為之介紹。熊氏曰：「任公向來不收掛名弟子，今君於兩國外交局勢緊張之際，乃以重贄願執弟子之禮，不知是何用意，請君自重，我不能作傳話人也。」這位日本先生，掃興而退。

勸老袁登極，日使逞舌
誇自己了得，次長吹牛

日本公使日置益，於提出二十一條要求之先，曾謁袁世凱，表示口蜜腹劍之好意。是時袁氏

求。」袁氏聞之，大怒，語曹云：「你既早知有比事，何以不早來報告，設我早知此事，我可以請英公使朱爾典，暗中為力，打銷此舉，今問題既已表面化，英公使即肯為力，亦補救為難矣，奈何！奈何！」朱爾典駐華多年，自袁氏作北洋總督時，即與朱使聯絡有素，辛亥南北議和之際，朱使曾作調停人，南北和局之完成，英使預有力焉。二次革命時，朱爾典認為中國在當時，只有袁氏具有維持秩序及保護外人的力量，故外交團一致袒袁，對於反袁派，採取干涉手段，故袁氏對於朱爾典為領袖之外交團，倚若長城，彼不知歐戰一經發生，日本可以在遠東為所欲為，參戰之英法，方且敷衍日本之不暇，又安有餘力，支持極弱之中國，為之仗義執言乎！各國外交，皆為現實主義，袁氏誤以為私人交誼，可以轉移國策，可謂不懂外交技術之甚者矣。

當時袁氏頗重視各國對華之均勢政策，初以為日本雖提出無理要求，然不能不對於英法諸國，有所忌憚，或不至遽採積極行動，故日本提出要求已經數月，總是以不理理之，日本政府看到袁政府絕無抵抗力量，而對於日本之要求，又故採拖延手段，非有進一步之積極恫嚇，難達重要目的。於是，乃令其海陸軍作出動之準備，長江及沿海各埠，日本軍艦雲集，日本第一艦隊司令加藤友三郎，且公開宣言云：「中國海軍，只有有名無實之舊艦七八艘，其最新式之三千噸巡洋艦，亦是七八年前在德國所造之舊艦，只可供長江巡視之用而已。」日本陸軍第十七團長本鄉復發表談話云：「中國帶兵官，大半是我的學生，設若中日有何問題，談笑之間可了。」當時日本人之眼中，哪裡復有中國國家存在，所以未敢急遽併吞者，徒以為各國均勢政策所牽制耳。是時因第一次世界大戰發生，西方各國，無暇東顧，安可不乘此機會，攫取權利：日本人並且表示：「袁政府不肯立即答覆應允，可謂不識好歹，我日本為維持威信計，不能再客氣了，等我大日本給點顏色你們支那人看看。」

霹靂一聲嚇煞北洋政府 秘諭兩件不愧大塊文章

霹靂一聲，日本的最後通牒突於五月七日送到外交部，嚇得大員豪門紛紛送眷前往天津租界，幾乎鬧成庚子八國聯軍入京之慌亂景象。袁世凱亦驚恐異常，密遣梁士詒問計於英使朱爾典，朱使云：「我在華四十年，與袁總統有三十年老交情，依照外交常例，我不能說的話，今亦不忍不說，為今之計，袁總執只有忍辱負重，埋頭十年，再與日本相見。」

梁士詒將英公使的意見報告袁氏，袁氏垂頭喪氣，以為倚為靠山之英公使，既然無法支持，我們捨屈服外，尚有何法！外交部遂即覆文日使，約定於九日答覆，對於二十一條之要求，一一照辦。由是東北之行政主權，遂全部落於日人之手，中國僅保有領土驅殼而已！

袁氏於屈服日本要挾後，曾親寫密諭兩件，告誡部下，鼓勵臥薪嘗膽之意。部下閱之，未必有何感覺，然此兩文，亦是國難過程中之一種重要文獻，當時報章，未見發表，特錄於左，以餉本報之廣大讀者：

袁氏親寫之密諭：

仲虺之誥曰：「兼弱攻昧，取亂侮亡。」，今歐人亦謂野蠻或半開化之國，宜由文明人取而代治，以為天職，每一念及，毛骨悚然，吾果無弱昧亂亡之徵，誰得而兼之、攻之、取之、侮之，然試閉目以思，軍隊之龐雜，吏治之廢弛，水旱之災荒，人思權利，罕有公心，厝火積薪，自謂已安已治，其能知自己之實力，明世界之大勢者幾何人！其地方盜賊絕跡，官吏發憤為雄者幾何處！不謂之弱與昧得乎？不謂之可亂可亡得乎？或謂廣土眾民。殆無亡理，不知朝鮮萬里，比三島何如，近閱日本報紙，謂支那雖成空前之大革命，而其內容之腐壞墮落，實與前清無異，賄賂之公行，賭博之熾盛，真為可驚，新國氣象，毫不存在云。局外旁觀，意在言外，試思甲午、庚子兩役，何嘗不言臥薪嘗膽，而作偽日拙，以迄於亡。但清之亡也，乃亡朝而非亡國，今之滅國新法，乃亡其語言文字，並亡其人種，波蘭，越南之史，不可不知，近自中日交涉，全國恐慌，若事過境遷，仍復泄沓，亡不旋踵，實可預言。彼東西列強，百事修明，何等氣象，近觀吾國，則蕪穢不治，偷懶苟安，南滿實權，所存無幾，外力所至，臥榻鼾聲，而猶上下恬嬉，不知亡之將至，予老矣，受諸前清而亡諸我躬，其甘心乎！救亡之道，惟在自責，苟有昧弱亂亡之一點，必捅除之，勿謂可以禦暴民者，即可以對外國，勿以復前清末造之狀況為已足，勿以保各國均勢之局勢即安，孟子云：生於憂患，死於安樂。兵法云：置諸死地而後生。孤舟大海，非從容雅步之時也！昔楚莊王日討國人而訓之，告以民生之不易，禍至之無日，心所謂危，涕泣而道，其毋忘五月七日之事，去矜去惰，勇猛精進，以保我子孫黎民。傳曰：能知亡斯不亡。願共勉之。

誥誡文武官吏之密電：

日本自明治維新，步武西法，四十年慘澹經營，無非求達其東亞大帝國之政略。當合併朝鮮之時，現在首相大隈重信，已自命為將來中國之統監，就其近年軍事言之，徵發陸軍，又達百萬，海軍戰艦，已達六十萬噸。歐戰發生，日本利用歐洲列強之相持，乘中國新邦之初建，不顧公德，破壞找山東之中立，軍隊所至，四境騷然，我國受茲痛苦，方以退兵為抗議，彼不之省，又提出酷烈要求之條款，其中最為難堪者，曰：切實保全中國鄰土。曰：各項要政，聘用日人為有力顧問。曰：必要地方，合辦警察。曰：軍械定數，向日本採買，並合辦械廠，用其工料。此四者直以亡韓視我，如允其一，國即不國，予誓一息尚存，決不承諾，即不幸交涉破裂，予但有一槍一彈，亦斷無聽從之理。乃日本分遣陸軍，直趨奉天之瀋陽，山東之濟南，海軍亦時在渤海出沒遊弋，卒以最後通牒，迫我承認，然將最烈四端，或全行消滅，或脫離此案，其他較重之損失，亦因再三討論，得以減免。而統計已經損失權利頗多，日本既有極大政略，此後但有進行，斷無中止。予老矣！捨身救國，天哀其志，或者稍緩須臾，不致親見滅亡，顧此林林之眾齒，少於予者，決不能免，而子孫更無論矣！

均勢政策，坐享利益
偷安念頭，苟延殘喘

五十年前之中國，處於被瓜分地位，各國皆在準備瓜分這一塊大肥肉。德國以青島為據點，則準備瓜分我山東；俄國以旅順、大連為據點，則準備瓜分我東北；法國以安南、廣州灣為據點，則準備瓜分我雲南、廣西；英國以威海衛、香港為據點，則準備瓜分我廣東及長江；日本以朝鮮、臺灣為據點，則準備瓜分我南滿及福建。惟有美國以本國幅員廣闊之故，對我國尚無領土野心。當時有識之士，莫不提心吊膽，憂慮瓜分侵略之立見實行，而有束手無策之感。後來均勢政策之說出，各國對於中國，以為一旦實行瓜分，則必釀成各國分多分少之爭鬥，不如維持現狀，坐享利益之為得計。從此以後之中國，即在均勢政策之下，苟延殘喘！由是上下偷安，因循苟且，得過且過，將亡國念頭，置諸腦後矣！

日本自甲午戰勝中國以後，目中早已無中國國家之存在，再經一戰，擊敗俄國，取得旅順、大連，勢力及於肥沃之南滿一帶，更是張牙舞爪，躍躍欲試，但當時對於歐洲兩個國家，尚有所忌憚，一為德國之陸軍，一為英國之海軍。因日本之陸軍，由模倣德國而來，深知其精練；英國海軍噸數之多，當時居於世界第一位，故日本對之，異常畏服，以能締結英日同盟為榮耀。在均勢政策之下，日本人對於中國，未敢過於逞威，及第一次歐戰發生，英法無暇東顧，在日本方面言之，所謂天予不取，反受其咎者也。自英法諸國方面言之，為引誘日本參戰，將中國權利，給予日本為報酬，所謂慷他人之慨，何所不可。

在當時具有國際常識之人，皆知日本對於中國，必將有所行動，惟暗於國際形勢之袁世凱，糊裡糊塗，睡在鼓中，毫無感覺耳！及至二十一條最後通牒提出之後，方始手忙腳亂，抑何常識之低下也！自袁政府屈服日本要求之後，國中知識份子，莫不痛斥袁世凱軟弱誤國，與甲午之役，罵李鴻章為秦檜者相同。吾人回思往事，當時形勢，有不能與後來抗日戰爭之國民政府，相提並論者，不止一端，試分析舉出於左：

（一）袁世凱雖非甘心賣國之流，然個人觀念，重於國家，斷不肯犧牲個人，抗敵護國。

（二）袁世凱為官僚出身，偷安戀位，絕無冒險抗敵之勇氣。

（三）袁世凱為北方人，所部軍隊，亦皆北方人，不習南方之山林生活，欲其如後來抗日戰時之艱苦奮鬥，抗戰八年，不啻責疲牛以日行千里。

（四）當時國際形勢，中國不但孤立無援，有如斷乳孤兒，且英國尚暗中以中國權利，引誘日本，對德作戰。

一意屈服袁項城簽約
群情憤激趙家樓放火

觀上述四種情形，袁政府對於日本之最後通牒，只有屈服而已。至於二十一條之內容，當時並未正式公佈，年代久遠，不能完全記憶，茲將我所記憶之重要條件，摘要錄左：

（一）條件中有切實保全中國領土之語。一國領土，而受他國之保全，在國際上，稱為被保護國，即是屬國之意。

（二）各項要政，須聘用日人為有力顧問。聘用外人為顧問，為一國之自由事件，今乃訂諸條約，直以殖民地相視矣。

（三）必要地方，須合辦警察。此即是不承認中國有行政主權。

（四）軍械須規定一定數目，向日本購買，並須合辦軍械廠，而用日本之工料。此即是不承認中國軍備之獨立。

（五）改租借旅順、大連之二十五年期限，為九十九年。旅順、大連，被俄國佔領，強迫訂約，租借期限，原為二十五年，今乃要求改為九十九年，即是表明永久割讓之意。

（六）天津至山海關一帶，日本得常駐軍隊。此無異派遣軍隊，永久握守整個北方大陸，尚有何國防可言，猶得稱為獨立國家耶？

（七）由日本修築吉長鐵路。日本自打敗俄國以後，取得南滿鐵路，然僅至長春為止，今乃要求擴展鐵路線，達於吉林，東北三省，已有兩省在其勢力範圍之內。

（八）得任意採掘東北森林礦產。東北惟一之富源，即是森林鑛產，撫順謀鑛產量之大，幾在世界佔第一位，早在日人掌握之中，今再進而得任意開採東北整個森林鑛產，真是弱肉強食，靡所底止。

以上所列，為二十一條中之重要款項。簽字時，對於不關重要之條項及措詞，略有修正，然於實際利益各項，則一一照其要求，俯首簽字。當時任外交部長者，為陸徵祥，陸為一極端庸碌之人，且久駐歐洲，於日本情形極為隔膜，次長曹汝霖，為留日學生，號為日本通，此次二十一條要求之應付，曹汝霖實當折衝之任，屈服簽字以後，世人不罵陸徵祥，而專罵曹汝霖，北京各校學生，群起公憤，乃包圍趙家樓之曹汝霖住宅，放火焚燒，成為焦土。當時留日出身之陸宗輿、章宗祥，與曹汝霖均有親日派之稱，學生們除焚燒曹宅外，並曾毆打章宗祥一次。學生們此舉，固不免過於激昂，然亦足以想見當時群情憤慨之一斑矣！陸章二人，早成異物，惟曹氏現尚存在，避地日本，由日本舊友，湊集少許資金，供其日用，所以報親日之大德也，亦可慨矣！曹汝霖昔在日本留學時，年甫二十餘歲，頭髮作蒼白色，一時有「洋灰鼠」之稱，今曹氏年近八旬，重遊日本，頭髮當已白得無可再白，昔時舊友見之，將取消「洋灰鼠」之雅號，改稱為「白狐狸」矣，可發一笑。

袁世凱少年赴朝鮮

吳長慶統軍鎮壓高麗變亂
李鴻章貿然簽訂天津條約

袁世凱之為人，奸而不雄，雖無足取，而在清末民初之政局變化過程上，不能不認其有重大關係。因袁世凱為失敗人物；故作家紀述其往事者甚少。余以為史氏之任，褒貶兼寓，流芳百世之忠臣孝子，固宜力為表揚，即遺臭萬年之徒，亦宜加以著錄，使後世知所懲勸，況袁氏於清末民初之政局演變，具有重大關係者乎！茲為使讀者易於明瞭起見，特將袁氏經歷，就筆者記憶所及者，分別紀錄，讀者當作陳勝、吳廣列傳觀之可，當作王莽、司馬懿列傳讀之，亦無不可也。

日本人之侵略中國，先從併吞我藩屬著手，其首先被吞併者為琉球，次則為朝鮮。清末甲午以前，軍政廢弛，只有李鴻章在北洋練有少數新式陸海軍，持有新式槍炮，稱為淮軍。袁世凱幼習舉業，成績平平，因某伯父袁甲三曾統軍隊，因之鄙夷科舉，欲學班定遠之投筆從戎，封侯萬里，遂投效淮軍吳長慶部下，任職營務處（參謀）。

適當時朝鮮內部，有新舊兩派之鬥爭，適予日本人以侵略之機會，舊派首領為王親大阮君；新派首領為王妃閔氏。舊派以排日為信條，新派以親日為信條，互相對立，適韓政府減發兵士薪餉，兵士怨望，大阮君乘機煽動，亂兵闖入王宮，欲殺閔妃未得，轉而攻擊日使館，日武官多名遇害，日本乃派軍艦赴韓示威，時李鴻章丁憂，代理北洋總督為張樹聲，遂派吳長慶統率海陸軍到韓鎮壓，並對付日本。袁世凱乃隨吳軍到韓，此為袁氏出露頭角之始。

袁氏抵韓國後，與吳軍幕僚張謇（即南通狀元）策劃，誘執大阮君解送中國拘禁，日本軍隊開抵朝鮮時，亂事已定，由韓國賠款懲兇了事。由是李鴻章奏請清政府注意朝鮮問題，遂決定派吳長慶軍長駐朝鮮，並代朝鮮訓練軍隊，而袁世凱以二十餘歲少年，居然擔負訓練韓軍之重任。二年後，日本駐韓公使竹添進一郎暗中策劃政變，聯絡朝鮮號稱開化黨的親日派金玉均，洪英植，朴泳孝等，藉郵局成立典禮，邀請各國使節及朝臣赴宴，竹添不到，宴終突率日人訓練之韓軍，衝入王宮，發生暴動，刺殺保守派大臣多人，俠制韓王宣布獨立，削除中國藩屬之名，並請日軍入衛。事變之第二日，袁世凱與吳部吳兆有率同所訓練之韓軍及一部分吳軍，進攻王宮，血戰竟日，竹添知勢不能敵，乘夜率兵逃回使館，韓人憤日兵助亂，大肆報復，竹添遂自焚使署，逃往仁川。

當時日本派伊藤博文前來天津，與李鴻章訂立《天津條約》，規定中日兩國軍隊，均自朝鮮撤退，一國軍隊開入韓境時，須通知對方。其實此在國際公法上，即是將自己屬國變為兩國屬國之意！而在當時之李鴻章輩，尚以為此等條約，毫無關係，並國際常識，全無所知！當時尚稱李鴻章為「大外交家」，宜其喪師失地，可發一嘆！

惟是時適值英俄兩國因阿富汗問題衝突，英國為防俄人自海參威南擾香港，突然佔領朝鮮東北部之巨磨島；俄人則圖佔朝鮮之永興灣。韓國所聘用海關監督德國人穆麟德，因其時德國方與俄國合謀圖向遠東發展，暗中慫恿朝鮮君臣聯俄拒英，日本人聞之，深恐朝鮮落入俄人手中，於彼不利，乃轉而建議中國加強對於韓鮮之控制。英國之政策，亦與日本相同，由是中國對於朝鮮，採用積極政策，內政外交，均受中國控制，而在比數年間，擔負控制朝鮮之任務者，實為袁世凱。從此袁世凱經過此種複雜國際局勢之軍事外交歷練，膽子更大了，便以「軍事家」及「外交家」自命。此為袁氏後來闖入清末軍政界發軔之始基，惜乎只知道一點皮毛技術，而於世界各國政治軍事之根本，全不了解，此所以終於誤國而自誤也歟！

袁世凱的一頁日記

夜逼權奸不惜同歸於盡
一番文飾徒見欲蓋彌彰

甲午之戰，吳長慶軍在朝鮮，首當前線之衝，雖以眾寡不敵，為日軍擊敗，然尚勇猛抵抗，與望風潰逃者有別。由是袁世凱大露頭角，號稱知兵善戰，甲午戰敗以後，北洋軍隊，全部崩潰，清廷謀練新軍，防衛北京，袁世凱以新起名將，練兵於天津附近之小站，袁氏認真訓練，軍容之整齊，稱為全國第一，朝野極為注意。袁氏復善於交際，因得走入慶王及一般權貴門下，會戊戌變法，新舊兩派，互相鬥爭，袁氏介於新舊之間，觀望形勢，當舊派謀擁西太后再行訓政，壓迫光緒帝之際，新派康有為、譚嗣同等，早與袁氏聯絡，謀以袁氏所部軍隊，包圍西太后於頤和園，阻止其再行訓政。袁氏初已同意，擁護光緒帝，旋見舊派勢力，強於新派，乃改投舊派之懷，並向西太后姻親榮祿告密，因以造成光緒帝被幽於瀛台，及誅殺維新派六君子之慘案，使中國維新生機，全部停頓。其反動結果，致釀成義和團之變，使中華國際地位，一落千丈，此為袁氏反覆負國之最大罪惡。後來袁氏做了總統以後，曾一度發表《戊戌政變日記》，以自洗刷，不忠之罪，欲蓋彌彰，茲將所發表日記，摘其要者錄之於左：（以下文字俱為袁氏日記）

光緒二十四年七月廿九日，予奉召由天津抵京，定八月朔請安。初一日黎明，在毓蘭堂召見，上垂詢軍事甚詳。退下，忽有蘇拉來報，已以侍郎候補，並有軍機處交片，奉旨令初五日請訓。次早，謝恩，召見，陳無尺寸之功，受破格之賞，慚悚萬狀。上笑諭：人人都說你練的兵，辦的學堂甚好，此後可與榮祿各辦各事。

初三晚，譚嗣同突夤夜來，謂有密語，請入內室，屏去僕丁，心甚訝之。譚云：公受此破格殊恩，必交有以圖報，上方有大難，非公莫能救，榮祿將廢立弒君，公知之否？因出一草稿，如名片式，內開「榮祿謀廢立弒君，大逆不道，若不速除，上位不能保，即帝命亦不能保，袁世凱初五請訓，請面付硃諭一道，令其帶本部兵，赴津見榮祿，出硃諭宣讀，立即正法，即以袁世凱代為總督，布告榮祿罪狀，即封禁電局鐵路，迅載袁某部兵入京，派一半圍頤和園，一半守宮，如不聽臣策，即死在上前」各等語，予閱竟比奏稿後，下覺魂飛天外！

當時譚云：「今要公以二事，誅榮祿，圍頤和園耳。如不許我，即死在公前，公之性命在我手，我之性命，亦在公手，必項今晚定議，我即請旨辦理。」予謂此事重大，今晚即殺我，亦不能定，且你今夜請旨，上亦未必允准。譚云：「初五日，定有硃諭一道面交公。」予見譚氏氣焰兇狠，只好設詞推宕，因答以青天在上，袁世凱斷不敢辜負天恩，但恐累及皇上，必須妥籌詳商，以期萬全，我無此膽量，決不敢造次，為天下罪人。譚再三催促定議，聲色俱厲，腰間似有兇器，予知其必不空回，因告以九月即將巡幸天津，伊時軍隊咸集，皇上下一寸紙條，誰敢不遵，何事不成？譚云：「報君恩，救君難，立奇功大業，天下事，盡入公掌握，在於公，若貪圖富貴，告變封侯，害及天子，亦在公，惟公自裁！」

初五日，請訓，因奏曰：「古今各國，變法非易，請忍耐待時，如操之太急，必生流弊，必須老成持重如張之洞者主持，方可仰答聖意，至新進諸臣，閱歷太淺，辦事不能縝密，倘有疏虞，累及皇上，關係極重，臣受恩深重，不敢不冒死直陳。」上為動容，無答諭，請安退下，即赴車站，抵津已日落，即謁榮相，略述內情。越四日，榮相奉召入都，臨行相約，誓以死保全皇上。良以慈聖（指西后），祖母也，皇上（指光緒），父親也，處祖母父親之間，為子孫者（指臣下），惟有出死力以調和，至倫常之變，非子孫所忍言，亦非子孫所敢問。……

云云。

曹錕奉命假兵變

三個條件疑是調虎離山
兩通電報說得天花亂墜

袁世凱於西太后去世後，攝政戴灃，忌其威權，以諭旨命其回籍養疴，閒居洹上。嘗作詩云：「室小堪容膝，簷高老樹齊。開窗平北斗，翻覺太行低。」其野心勃勃之神氣，不難於言外得之。

袁氏五十壽辰時，張之洞作壽聯云：「五嶽齊尊，惟嵩為峻極；百年上壽，如日之方中。」此等聯語，亦可引起其野心。然袁氏之為人，其譎詐似司馬懿，然卻無曹孟德之雄才大略，且不知時代人心之趨向。到了暮年，衰氣籠罩，倒行逆施，貽笑當世，奸雄云乎哉！孫中山為中國之華盛頓，可稱為新式的英雄，袁世凱自命不凡，可稱為舊式的梟傑。辛亥南北議和之際，南京革命政府，要求袁世凱到南京宣誓就總統職，袁世凱不肯南行，到了袁氏就職以後，邀請孫中山北來，中山竟毫無疑忌，大膽的走入燕都，英雄氣概，畢竟不凡，茲將兩位好漢拒絕南行歡迎北上之經過，紀述一番，當亦青年讀者之所欲聞也。

南京革命政府之惟一政策，首在推倒滿清皇位，政權之爭奪，認為是第二步驟，故情願以總統一席讓之，明知袁世凱之頭腦，與共和相去甚遠，但為息事寧人計，亦不妨姑試為之，但附有三個條件：（一）臨時政府，須設於南京；（二）新總統須到南京宣誓就職；（三）新總統須遵守《臨時約法》。

袁世凱對於這三個條件，認為是調虎離山之計，而革命黨之手槍炸彈，遍地皆是，離開北方一步，則寶貴生命，馬上喪失。然而老袁一向是官僚作風，並不直接反對到南京宣誓之說，總是滿口官話，宣布共和後之第一次通電云：

南京孫大總統、黎副總統、各部總長、參議院同鑒：共和為最良國體，世界所公認，今由帝政一躍而幾及之，實諸公累年之心血，亦民國無窮之幸福。大清皇帝既明詔辭位，業經世凱署名，則宣布之日，為帝政之終局，即民國之始基，從此努力進行，務令達到圓滿地位，永不使君主國體，再行於中國，現在統一組識，至重且繁，世凱極願南行，暢領大教，共謀進行之法，只因北方秩序，不易維持，軍旅如林，須加部署，而東北人心，未盡一致，稍有動搖，牽涉全局，諸君皆洞鑒時局，必能諒此苦衷，至共和建設重要問題，諸公研究有素，成竹在胸，應如何協商統一組織之法，尚希迅即見示。袁世凱真。

其致孫黎第二次電云：

清帝辭位，自應速謀統一，以定危局，此時間不容髮，實為惟一要圖。民國存亡，胥關於是。頃接孫大總統電開，提出辭表，推薦鄙人，囑速來寧，並舉人自代，電知臨時政府，畀以鎮安北方全局等因。世凱德薄能鮮，何敢肩比重任，南行之願，真電業已申明，然暫時羈絆在此，實為北方危機隱伏，全國半數之生命財產，萬難契置，並非因清帝委任也。孫大總統來電所論，共和政府，不能由清帝委任組織，極為正確，現在北方各省軍隊暨全蒙代表，皆以函電，推舉為臨時大總統，清帝委任一層，無足再論，惟總未遽組織者，特慮南北意見因此而生，統一愈難，實非國家之福。若專為個人職任計，舍北而南，則實有無窮窒礙，北方軍民意見，尚多紛歧，隱患實繁，皇族受外人愚弄，根株潛長，北京外交團，向以凱離此為慮，屢經言及，奉江兩省，時有動搖，外蒙各盟，迭來警告，內訌外患，遞引互牽，若因凱一去，一切變端立見，殊非愛國救世之素志，若舉人自代，實無措置各方面合宜之人，然長此不能統一，外人無可承認，險象環集，大局益危，反復思維，與其孫大總統辭職，不如世凱退居，蓋就民設之政府，民舉之總統而謀統一，其事較便。今日之事，惟有由南京政府將北方各省及各軍隊妥籌接收以後，世凱立即退歸田里，為共和之國民，當未接收以前，仍當竭忠盡愚，暫維秩序。總之，共和既定之後，當以愛國為前提，決不欲以大總統問題釀成南北分離之局，致資漁人分裂之禍。已請唐君紹儀代達此意，赴寧協商，特以區區之懷，電達聰聽，惟亮察之為幸。袁世凱咸。」

袁氏第二次之通電，有與其孫大總統辭職，不如世凱退職歸田之語，此係拒絕到南京就職之最後通牒，即是說你們如果要堅持前說，我姓袁的便不與你們合作了。

南京臨時政府，接到此電，自然加以再三考慮，且唐紹儀亦由北方到南京，努力斡旋。由是南京參議院，馬馬虎虎，選袁為大總統，並派蔡元培、汪兆銘、宋教仁、魏宸組，鈕永建五專使到北京迎袁南下。五專使抵京時，袁大舉歡迎，與五專使屢開談話會，裝做可以南行的模樣，並致電武昌，將與黎副總統晤面，一同前往南京。實際上袁氏早已布置一種無聊戲法，暗命第三鎮統曹錕於二十九晚，假裝兵變，崇文門一帶，火光遍地，鎗聲四起，五專使嚇得魂飛天外，避居東交民巷。兵變後，各國駐軍出動，形勢緊張，袁又令北方各督撫通電反對袁氏南下就職。於是南京政府乃提出折衷辦法，允袁在北京向參議院宣誓就職。

袁氏為了免到南京，以身試險，乃裝出許多花樣，震動國際。此為袁氏拒絕南行怕離巢穴之一幕怪劇。

袁世凱煮酒論英雄

孫中山出任全國鐵路督辦
黃克強成為九城人民目標

革命政府之要求袁世凱到南京就職，無非對袁世凱不能相信，你果誠意贊成共和，則應當離開軍隊，效法「黃天霸拜山」故事，單人獨馬，到我革命軍勢力之下，赤忱宣誓，方足表示誠意。當時革命元勳，多半少年，不免意氣用事。至今回思，假令袁世凱果輕車寡從，前往南京，能否自由行動，安然北返，即孫中山恐亦不能保險。袁世凱老奸巨猾，又安肯輕入虎穴，落入圈套，革命政府之此種要求，無非高高討價，使袁世凱不敢輕視革命團體，俾其在組閣政權上放鬆一步而已。後來革命政府果取消原議，袁世凱撚鬚笑曰：「你們這班小伙子，乃想對袁某開頑笑麼？」袁世凱就職之初，頗思牢籠革命元勳，收為己用，乃派人邀請孫中山、黃克強、黎元洪三元勳到北京相晤，交換意見，聯絡情感。當時黎元洪因借刀殺張振武事，為革命派所攻擊，不肯北來，即黃克強亦躊躇不前，惟孫中山相信袁無惡意，且欲以誠意感化袁氏，故毅然北上。中山抵京，袁氏待以外國元首之禮，歡迎儀式，異常隆盛，並囑中山同鄉唐紹儀、梁士詒為招待專使。袁氏除正式宴會招待外，並時約中山秘談，中山對袁氏談話，多注重於美法兩國之建國精神，及開闢中國富源，便中國日增富強之一切政策。袁氏所談，則注重在強兵，以為自義和團肇事以後，俄日兩國欲瓜分我國之東北西北，德國欲瓜分我之山東，英國欲瓜分我之長江，法國欲瓜分我之廣東滇桂，形勢岌岌，中國非練百萬精兵，五十萬噸海軍，不足以保全疆土。中山則以為強兵必先富國，欲富國必先穩定共和基礎，推進法治，而後國可得富，兵可得強。袁孫談得高興時，袁氏舉杯祝曰：「中山先生真不愧為中國的華盛頓。」孫氏亦舉杯祝曰：「我希望慰亭（袁字）先生，成為中國的華盛頓。」老袁撚鬚笑曰：「美國只有一個華盛頓，而中國乃有兩個華盛頓，豈非中國優於美國耶？」中山亦笑曰：「我希望中國後來之總統，個個是華盛頓，豈以兩個為滿足耶？」當時文化社會，聞袁孫此項談話，用三國故事，以形容之曰：「黃金臺煮酒論英雄，天下英雄，惟使君與操耳！」中山之建築二十萬里鐵路政策，以與梁士詒討論為多。余當時以新聞家資格，偕名記者丁佛言，訪問中山於迎賓館，見中山方與梁氏伏案指點地圖，規劃路線。見余等至，乃起而相迎，談論當前時事。中山頗多樂觀之語。蓋因當時政治鬥爭，尚未表面化，袁氏方極力牢籠革命元勛，故中山態度，從容如此。袁氏以中山有在野為國家啟發富源，尤宜先從鐵路著手之表示，故以全國鐵路督辦名義相委托。中山亦受之而不辭。中山與老袁屢次歡談後，認為老袁非不可共事之人，乃致電黃克強云：「到京後，與項城接談數次，關於實業各節，彼亦向有計畫，大致不甚相遠，至國防外交，相見略同。以弟所見，項城實陷於可悲之境

八十三日皇帝夢

冊封親王黎黃陂啼笑皆非
贊成帝制清皇室手足無措

袁世凱的帝皇夢，是由於祖先的遺傳。帝皇夢半途驚醒，亦是由於祖先的遺傳。我這話是有根據的，人們當記得三國之初，有兩個姓袁的麼？一個是袁紹；一個是袁術。袁紹與董卓商談不能協調時，謂董卓曰：「天下健者，豈惟董公」，拂袖而去。這位先生，壯則壯矣，忍則未也，所以徒抱野心，終歸失敗。袁術更是一個草包，佔地不廣，人馬無多，居然在江淮之間，妄竊帝號，是以敗不旋踵。

袁世凱當壯齡時，敢作敢為，頗似袁紹；到了晚年，衰氣籠罩，又好似袁術了。歷來宣傳作品，往往脫離事實真相。人們以為滿清皇室之推倒，完全是陳勝吳廣一呼之力否？袁世凱幻夢之驚醒，又完全是滇邊空心一炮之力否？老老實實說，清皇室之推倒，由於老袁作內應，老袁幻夢之驚醒，由於馮、段作內應，可謂一報還一報，絲毫不爽。老袁的帝皇幻夢，只做得八十三天，然在此八十三天中，所表演的滑稽戲劇，亦復不少，茲分誌於下：

（一）冊封黎元洪為武義親王。其冊封令云：

光復華夏，肇始武昌，追溯締造之基，實賴山林之啟。所有辛亥首義立功人員，勛業偉大，及今彌彰。凡夙昔酬庸之典，允宜加隆。上將黎元洪，建節上游，號召東南，拱護中央，堅苦卓絕，力保大局，百折不回，癸丑贛寧之役，督師防剿，厥功尤偉。照約法第二十七條，特沛榮施，以昭勛烈，黎元洪著冊封武義親王，帶礪山河，與同休戚，槃名茂典，王其敬承。……

黎元洪接了這個冊封令，真是哭不得，笑不得。老袁發表冊封令後，隨即派內史監阮忠樞及顧問舒清阿兩人，前往道賀，且表示授黎為輔國上將軍副元帥之意。隨又發一令，勸黎受封。有「王其只承，毋許固辭」之語。黎氏左右饒漢祥，勸黎明哲保身，暫受王位。

（二）清皇室只為贊成帝袁。是時清皇室尚在故宮，擁帝號以自娛，相去咫尺，忽有兩帝，為之惴惴不安，乃接受袁家說客之慫恿，咨文參政院，表示贊成帝袁，其文云：

本日欽奉上諭，前於辛亥年十二月，欽承孝定景皇后懿旨，委任今大總統以全權，組識共和政府，旋由國民推舉今大總統臨御統治，民國遂以成立，乃試行四年，不適國情，長此不改，後患愈烈。因此代行立法院，據國民請願改革國體，議決國民代表大會法案公佈，現由全國國民代表決定君主立憲國體，並擁戴今大總統為中華帝國大皇帝，為除舊更新之計，作長治久安之謀，凡我皇室，極表贊成。…………

云云。

袁即日下令：「清室優待條件，允不變更。」並任溥倫為參政院長，以酬其勸進之功。

五等大封爵是真是戲
四友效商山非馬非驢

（三）封了許多公爺侯爺。老袁老氣橫秋，他以為部下的將官，當以封公封侯為榮，便不惜犧牲幾十張白紙，下了一百數十人的封爵命令，以為牢籠部屬之計。那裡知道，君主迷信，自辛亥推翻以後，譬如一個木雕菩薩，愚民向之焚香敬禮：忽有人將此木偶擲入糞桶，又有人將其拾取：再叫愚民們焚香禮拜，試問他們尚肯頂禮否？對於君主木偶，既已破除迷信，這些君主時代所謂五等之封，人皆視為過時之廢物，他尚以為利用這些廢物，可以鼓舞部下擁戴之心，可謂麻木不仁之甚者矣！老袁所掛的封神榜，擇要錄左：

特封龍濟光、張勳、馮國璋、姜桂題、段芝貴、倪嗣沖為一等公。湯薌銘、李純、朱瑞、陸榮廷、趙倜、陳宧、唐繼堯、閻錫山、王占元等為一等候。張錫鑾、朱家寶、張鳴岐、田文烈、靳雲鵬、楊增新、陸建章、孟恩遠、屈映光、齊耀琳、曹錕、楊善德等為一等伯。朱慶瀾、張廣建、李厚基、劉顯世等為一等子。許世英、戚揚、呂調元、金永、蔡行楷、段春雲、任可澄、龍建章、王揖唐、沈金鑑、何宗蓮、張懷芝、潘榘楹、龍覲光、陳炳焜、盧永祥等為一等男。並追封趙秉鈞為一等忠襄公。追封徐寶山為一等昭勇伯。又追贈趙秉鈞為上卿。宋教仁為中卿。

這一張封爵單，都是當時任督軍或巡閱使的，並不是有功勛的人。老袁給他們帶上這頂空帽子，無非要他們擁護自己的皇冠而已。這卦爵單中，可以注意者，沒有段祺瑞的名字。因老袁晚年與段祺瑞有中下級軍官用人權限之爭，對於段氏，深懷忌刻，一如清室當年命老袁回籍養疴辦法，命段氏往西山養病，故封爵軍中，不列段祺瑞名字，袁氏有奸雄之稱，此等處，可見其度量之不廣矣。

（四）嵩山四友之古雅名詞。所謂「嵩山四友」者，特為徐世昌一人留一個下臺基的面子而已。徐世昌為清室宰相，與老袁相提攜，同作大官，清室倒了，民國出現，他作民國的官，尚可強自掩飾曰：我作民國官，不是向二姓稱臣。今老袁要作皇帝，徐世昌將向袁稱臣耶？下不去，下不去！袁氏左右的吳廷式、夏壽田兩個腐朽，乃援據漢光武不強嚴子陵稱臣，及漢初商山四皓不事漢高的兩個故事，作成嵩山四友的古雅名詞，以表示優待故人之意。實則趙爾巽、李經羲、張謇三人者，不過用作陪客而已。嵩山四友之組成，亦有一篇官樣文章發表，其文如左：

自古創業之主，類皆眷懷故舊，略分言情。布衣昆弟之歡，太史客星之奏，流傳簡冊，異代同符，徐世昌、趙爾巽、李經羲、張謇，皆以德行勛猷，久負重望。在當代為人倫之表，在藐躬為道義之交。雖高躅大年，不復勞以朝請，而國有大事，當就諮詢，既望敷陳，尤資責難，匡予不逮，即所以保我黎民，元老壯猷，關係至大。茲特頒嵩山照影各一，名曰嵩山四友，用堅白首之盟，同寶墨華之壽。以尊國耆，其喻予懷，應如何優禮之處，並著政事堂具議以聞。

政事堂隨即議覆，優待之禮有五：（一）免稱臣跪拜；（二）賞乘朝輿，至內宮換乘肩輿；（三）皇帝臨朝時，四友在勤政殿得設矮几以坐；（四）每人給年金二萬；（五）賞穿特種朝服。徐世昌當楊度撰〈君憲救國論〉，呈交老袁時，老袁曾面給徐世昌閱看，以觀其贊否之態度，徐逋聲稱讚曰：好好！實則心中頗不謂然。及籌安會發動時，徐世昌方為國務卿，便稱病請假，趙爾巽亦辭國史館長。李經羲、張謇亦皆暗中納悶，皆有身將客星隱之意。

兩朝名士譚組菴

科名冠湖湘風格別具
陋俗嚴鏑庶冒死力爭

譚組菴為前清末季及民國初元的兩朝名士，舉世之人，莫不知之。然知其民國初元從政以後的事跡者則甚多，而於其在前清時代，作翰林、作書生時期的遺聞軼事，曾經親聞目見者則甚少。譬如見諸葛武侯者，只見到鞠躬盡瘁六出祁山之武侯，而未見到隱居南陽號稱臥龍之武侯，不足以盡武侯之全貌也。余於組菴先生，同為湘人，又有世誼，且於其作翰林時，同居燕京者，有相當時期，故於其軼事，知之頗多，用作是篇，以抒憶舊之情，並使五十以下之人，得窺組菴之全貌。

譚組菴出身科第，而無科第驕人之習；身為貴公子，而無裘馬輕肥之狂；是名士而無白眼看人之習；是六朝人而無嵇、阮之疎放；有謝安救世之懷，而不狎東山之妓；有曾左匡濟之心，而不學硬幹。然則組菴果為何等人乎？則答之曰：組菴為一個詩書涵養之雅人，為一個審時度勢之政治家。總而言之，可以稱之為一個絕頂聰明人。

前清時代，全國設有八個總督，主持各省軍民政務，謂之封疆大吏。自湘軍平定洪秀全，湖南人之由軍功起家作總督者，不可勝數。如曾國藩、曾國荃、劉坤一之總督兩江。左宗棠之總督閩浙隨從甘；劉長佑之總督直隸，魏光燾之總督陝甘雲貴兩江，皆起家軍旅，為一時所推重，方得膺此重任。湘人由甲科出身，出任總督者，在清末只有譚鍾麟一人。鍾麟任兩廣總督，歿後諡為文勤，即組庵之父也。文勤在當時雖無顯赫功績，然持躬清慎，作督撫多年，家中產業，不過有一所住宅及幾許田地而已。約無後來一作大官便作豪門之風尚。是以組菴雖為世家公子，絕無豪門氣習，自其作公子、作翰林時，均布衣布服，與寒士無別。

清代沿明朝成例，注重科名，三年一會試，八股文考第一者，稱為會元；朝考楷書考第一者，稱為狀元；然朝考楷書，以四平八穩為尚，死氣滿紙，謂之大卷子字，亦謂之館閣體，這種風尚，真是可笑。組菴於甲辰科考中會元，但字寫錢南圓，不合大卷子字體，故未點鼎甲，僅得普通翰林，湖南人在滿清三百年間，未曾中過會元，湘人引為恨事，組菴竟中會元，在當時極為珍視。

組菴為譚文勤之如君所生，在當時謂之庶出，文勤視如君為青衣婢女，雖已有子，不得與家主同桌食飲，且須站立服侍家主。組菴自幼，即以庶出為恨事，從不與父親同席食飲，且終身不納妾。其生母為北京之長辛店人，幼年由母家給與別人，不知其所往，蓋昔時豪門納妾，例不與妾家通往來也。及組菴點翰林後，其母暗命組菴以五百金，送與其兄弟輩，並命不得告知為何人所送，但到長辛店尋覓一家香燭店某姓者交之可耳，組菴偕姻戚林君前往，香燭店猶在，二人以金付之，而不言其所以然，該店得金，莫名其妙，真有天外飛來之感。其後組菴之生母去世，其住宅在譚家祠堂之後身，靈柩出門，須經過祠堂大門，族中人謂非正室靈柩，只可走旁門抬出，不准走大門。由是組菴乃睡於靈柩之上，聲稱自己已死，令人將靈柩由大門抬出，族人始無法阻攖。舊社會之迂拘若是，使為人子者，真有抱恨終身之痛！

今古淹通豪情爭北海 榮枯異路話雨憶西山

譚組菴為舊科名出身之人，自然為一舊學中人。然既不是經學家，又不是考據家，且不是桐城派或湘綺體之古文家，復不是彫章琢句之詞章家。然則組菴在學術界中，果屬於那一家耶？我則可以代為作答曰：他是一個博學多聞，新舊兼通之時代學者。組菴於書無所不窺，尤喜雜家及歷代稗官野史之書籍。並欣賞歷代名人之書札碑帖。故其所遺留於世間者，亦以書札墨寶為多。組菴為科舉將廢時期之人，故無頑固陋習；而思想新穎，足以稱為新舊學術過渡時代之代表人物。

譚組菴有好客之稱，在湖南時，每每三日一小宴，五日一大宴，真是孔北海一樣，所謂「座上客常滿，樽中酒不空」也。但其時常往來之醉友，又非如信陵君門下之廣泛，雞鳴狗盜，皆得為上客也。其對飲之流，皆為湘中科舉出身之名輩，座客有自一二至八九之稱，所謂大者，為徐劍石內翰，所謂四者，為林次煌太史，所謂九者，為汪詒書太史，其餘則我已不能記憶矣。家中特作一種長筷，後來之客，立在後面取菜，不以為侮。一如今日之新式鳳尾宴，所用廚子，有譚廚之稱。後來在南京開湘菜館者，尚以譚廚自標榜，可以想見當時之盛況。

前清時代的翰林，皆住在北京，候差候缺，過其窮苦生活。到了科舉將廢的時候，稍有辦法的翰林，皆不拘守北京了，有的到外省謀事，有的回家鄉辦學校、辦實業。如南通張季直狀元，就是不拘守北京的一個，組菴亦復如是。因他是公子出身，生活不成問題，故組菴自點翰林後，即在長沙住居，有時亦到北京偶住。時余方二十餘歲，與組菴比鄰而居，粗菴豪於飲，余亦以酒徒自居，往往同至酒樓小飲，酒酣以後，組菴談古說今，娓娓不倦。余則談說新學新政，一若荊卿與屠狗少年，飲於燕市者然。故余於組菴之風韻，知之頗深，蓋觀人必自其作書生時觀起，方能認識真確，若待其裝飾登臺以後，方贊嘆其容貌威儀之盛，則失之遠矣。

前清末季，因應付人民參政之新潮，頒佈所謂預備立憲之令。由是在北京設立諮政院，以為議會之雛形，在各省則設立諮議局，以為省議會之雛形。實則所謂諮政院諮議局議員者，皆係當事所指派，並非出於民選，所謂象徵的議會而已。組菴以湘省名流，任諮議局議長，能演說，能為地方政治說點公道話，在當時頗負聲譽。

當黃鶴樓頭高樹革命旗幟之前一月，譚組菴因為粵漢鐵路問題，與湘紳前江寧藩司朱鞠尊、湖南巡防營統領黃忠浩，同到北京，向當事有所交涉。余與組菴復同登燕市酒樓，作平原十日之飲。時方秋初，組菴提議往遊西山，遊侶除朱黃兩公外，尚有周震麟、黎桂生，方秋高氣爽，紅葉滿山，遊侶皆布衣草履，足跨小驢，緩行山谷間，野趣橫生，堪以入畫。晚宿鳳山寺，風雨大作，數日不止，余等遂留滯於寺內，寺為西太后寵閹蕭德章所私建，僧為閹人之落髮者。組菴等連日以清宮內事詢僧，津津有味，若加紀述，便可成一部清宮秘史。

遊西山畢，譚朱黃三公南歸，未及半月，武昌革命軍起事，各省響應，組菴被推為湖南都督，同遊之黃忠浩，則為革命軍所梟首，時未二旬，西山遊侶，一為革命元勛，一為斷頭將軍！回憶西山話雨時，組菴態度雍容，談笑風生，黃氏則目露而視俯，頗現衰氣，然則相人之術，亦未始無萬一之徵驗也。

用行舍藏書生拜都督
星移物換故舊感黃爐

辛亥革命，湖南最初響應者，為焦達峰、陳作新二人。焦自稱都督，陳自稱副都督。焦陳出身幫會，不為士紳所喜，新軍營長梅馨，乃削滅焦陳，率其眾，並至譚組菴家中，請其出來，維持地方。組菴初聞梅馨領兵來宅，以為大禍臨頭，伏不敢出，梅馨高聲大叫，非見面不可，組菴勉強見面，自稱將犧牲一人，以救全家。由是遂被推為湖南都督。梅馨為一穩健軍人，削平焦陳後，自以聲望不孚，未敢貿然登臺，故推一負有鄉望之譚氏，以為首領。而譚氏則為清室舊臣，又安肯輕易出頭，作陳涉之稱王耶？一推一讓之間，均自有其萬不得已之苦衷。

組菴以書生被推為都督，當革命之初，凡統率一排一連軍隊者，均以革命元勛自居，驕兵悍將，充滿省內。時而率兵鬧餉，時而率隊示威，駕馭極不容易。組菴羽扇綸巾，從容應付，地方秩序，尚能維持。有一次某營於夜間入城示威，都督府內，僅有數名衛兵而已，組菴乃學演諸葛武侯之空城計，偕同軍事廳長向瑞琮，以數名衛兵提燈向前，高聲叫曰：「都督來！都督來！」

譚氏即向示威軍隊，大聲演說，曉以利害，軍士聞之，悄然歸隊。組菴之臨機應變，大率如此。故民初組菴治湘數年，軍民尚能相安，地方賴以無事。

自袁世凱所部軍隊勢力，及於長江一帶，江浙贛鄂諸省之地方長官，均以北系將領充當。湖南兵力單弱，況組菴以書生治湘，治軍非其所長，有何抵抗能力。譚氏乃作避位表示，袁世凱用湯薌銘繼其後任，湯到湘後，對譚氏舊屬，大事屠殺，一時有湯屠戶之稱。譚氏為之惴惴不安，乃退隱青島，因青島為德國佔領地，可以托庇，且不當政治衝要，又地屬北方，退居於此，所以表示不作他圖，以減輕袁氏之忌。

袁世凱勢力隆盛時，以徐世昌為國務卿，等於今日之行政院長，徐氏為組菴之會試總裁，具有師生關係，乃建議於袁世凱，謂組菴為科名世家，具有幹才，現居青島，不如召用之，以示無派別地域之見。袁氏深然其說，乃用譚氏為內政部長，譚氏知此舉不過袁氏牢籠手段，乃力辭不就。譚氏因此曾一度重遊北京，向袁徐解釋不能應命之衷曲，留滯燕京者連月，余因得與譚氏再作酒徒生活，痛飲豪談，殆無虛夕。

段祺瑞當權時，組織安福系，解散議會，而以安福系議員代之。西南遂有護法之舉，組菴亦號召舊部，以湘軍總司令名義，駐軍湘桂之間。維時北方已有皖直兩系之暗鬥，南北兩軍，並未直接開火。段派因此欲與南方聯和，解解決一切爭執。余曾受段氏之囑，一度前往廣州，商洽此事，因此復得與譚氏相晤。是時西南內部，雖分聯直、聯段兩派。然絕無拒絕妥協之意，遂與譚氏及李烈鈞、程潛等，商洽議和條件。西南主張由護法總裁岑春煊與段祺瑞在上海開和會，直接議和，並推選代表三人，隨余北上，面晤段氏，商洽此事。段氏心腹徐樹錚、曾雲沛等，以為段氏前往上海，恐遭刺客之禍，根本反對此項重要條件。此與民國元年袁世冊不肯到南京就總統職一事，可謂遙遙相應。西南代表，認段氏拒絕到上海開會，為無議和誠意，拂袖而去。未幾，吳佩孚遂與西南聯絡，由衡州退軍北返，發生奉直戰爭，段派一敗塗地，從此北方軍閥，互相吞併，此起彼落，無寧歲矣。

北伐軍勝利以後，譚氏執政金陵，余方辦報於哈爾濱，南北隔絕，對於譚氏之政績軼聞，未經目睹，若強作解人，牙牙學語，將貽曝背茅簷、高話金鑾之誚，是以付之闕如。及日人佪領東北，余報業被燬，由北南來，則見鍾山譚墓，已宿草芃芃矣！

大陸淪陷，避地天南，與伯羽世兄相晤，談及先德往事，不勝憶舊之情。曾作憶舊一律，附錄於左，以結束本文：

熊希齡自命第一流

假鳳虛凰獨鍾苗疆秀氣
遊歐借鏡冒牌憲法專家

書經云：「竄三苗於三危」。三危，是湖南地帶，換一句話說：即是將三種苗族趕到湖南山洞裡去了。可見古代的湖南，完全是苗族棲息之地。到了周朝以後，漢族勢力，漸形膨脹，侵入湖南，苗族地盤，只剩了湘黔交界之山區一二縣，這個苗族集中之區，不知以何緣故，冠上了一個古代視為祥瑞的珍貴名詞，曰「鳳凰廳」。湖南的文化，在明清以前，已不能與中原江浙並駕齊驅，保況苗族棲息之石岩山洞，有何文化可言。故在清朝以前，鳳凰廳一帶地區，絕少點翰林做大官之人。乃到了前清末季，這個苗族區，居然出了一個特別人物，一時有「熊鳳凰」之稱，可謂奇蹟！熊鳳凰名希齡，號秉三。中甲午科翰林，年甫二十餘歲，相貌堂皇，喜氣迎入，老輩見之，莫不點頭稱讚曰：「這個苗區少年，前程未可限量。」

滿清末季，中國之新思潮，可分四個階段：（一）為兵器革新階段，主之者為左宗棠、李鴻章；（二）為學說革新階段，主之者為康有為、梁啟超；（三）為革命思潮階段，主之者為孫中山、黃克強；（四）為紛飾立憲階段，主之者為半新式官僚。熊氏於戊戌前後參加維新學說集團，活動異常積極。其時陳寶箴為湖南巡撫，提倡新學甚力，設南學會，講演新學。熊氏以在籍翰林，參加學會，此會所講學術，不限新學，亦講《公羊》、《春秋》一類之舊學。當時湖南有一位經學家皮鹿門，亦時常登場講演。而與南學會對立，唱反對論調者，則以王先謙、葉德輝二氏為領袖，王葉二氏，為清季有名舊學家，但頑固異常，反對新學說甚力。葉德輝好作刻薄語，譏諷時人，後來共黨擾亂長沙時，葉氏終遭毒手！當皮鹿門在南學會講學時，熊鳳凰親為搖鈴，催喚來賓入座聽講，葉氏乃作刻薄對聯云：「鹿皮講學，熊掌搖鈴。」葉氏又將陳寶箴之耳東陳，及熊鳳凰之能四點姓，配合作對聯云：「四足不停，到底有何『能』幹？一耳偏聽，曉得甚麼『東』西！」兩副刻薄對聯，傳遍一時。

戊戌維新之際，熊氏並未到北京，參加政治活動，但因其在南學會講學之故，為頑固派所側目。及維新派失敗，熊氏遂受革職交地方官嚴加管束之嚴厲處分，伏處鄉里者數年。到了義和團事變八國聯軍入京之後，熊氏始得解除管束處分，漸漸在政界抬頭。趙爾巽作東三省總督時，以熊氏為出色人才，任其為屯墾局總辦，計畫移民開墾。熊氏乃赴日本，考察日本開闢北海道之設施，以為借鏡之資。

熊氏到東京後，除訪戊戌同幹維新失敗之梁啟超外，並與革命派之黃克強、宋教仁，立憲派之楊度，大事聯絡。凡稍有名氣之留學生，無不親自拜訪，虛心領教，一時留學界，莫不稱之。

歸國後，值清廷派遣五大臣赴歐洲考察憲政，以供粉飾立憲招牌之資料，以熊氏在當時有新學家之稱，攜與俱行，所謂五大臣者，旅行歐洲一次，於各國憲政，一無所知，熊氏亦不懂西文，無從瞭解。當時習法政者寥寥無幾，五大臣考察歸來，照例須有考察報告的官樣文章，幾乎無法交卷。熊氏乃繞道日本，商諸楊度，轉托日本名教授有賀長雄等幾位博士撰成一部歐洲憲政大綱，譯成中文，方得勉強交卷。熊氏從此取得憲政專家之雅號，頗為朝野所重視。但當時清廷對於新派人物之招徠，不過乃紛飾粉飾看板，絕無重用之意。故熊氏在清末政擅，並無多大發展，但此公心氣平和，喜延攬新人，無論革命立憲各派，均加聯絡，因此立下了在民初政壇活動的基礎。

翰林理財，一籌莫展！故宮失寶，舊案存疑。

民國初元南北和議告成之後，組織所謂混合內閣，以唐紹儀任總理。外交、內政、陸軍、海軍四長，由北方推薦，財政、教育、農林、司法、工商五長，則由南方推薦。北方所推薦之四長，為陸徵祥、趙秉鈞、段祺瑞、劉冠雄；南方所推薦之五長，財長為熊希齡、教長為蔡元培、農長為宋教仁、司法為王寵惠、工商為陳其美。北方所推薦之人，皆為袁部舊官僚及售軍人，在社會上毫無聲譽可言，南方所推薦之蔡元培、王寵惠、宋教仁諸氏，皆係負有當時重望之新學者，且皆係同盟會中人，獨所推薦極為重要之財長熊希齡，並非同盟會中人，只以熊氏在清末喜談建設性之新政，雖在官場活動，但所走之路線，比較開明，且其人溫厚和平，故革命派之黃克強諸人，對之異常推重，因以財長一席相推薦。

是時南北雖完成形式統一，南方各省，尚在半獨立狀態，除海關操在外人手中，扣還賠款借款，不能過問外，其餘錢糧釐金，無一不由都督們自行動用，絕無分文解到北京。南方各省，自南京留守黃克強以下，無一日不以解散軍隊發給遣散費為理由，向北京財部日索鉅款。而北方呢，則袁部軍隊數十萬，調來調去，月月須發鉅額軍餉，北方各省，雖在袁氏指揮之下，但當時外重內輕，形同割據，只向中央要錢，中央休想各省解餉，這個時候的財政，雖以歐美理財名家當之，均將一籌莫展。此際負財政責任之熊鳳凰，其竭蹶情形，可以想見。此時國內之財源，既無法開展，惟一之生財大道，只有仰給外債之一途，而當時之外債，則以清末仰借外債，與英美德法四國，訂有契約，重要稅源，均已作為抵押品，一切外債，均有優先權，且須監督用途。當時稱之為四國外債團，除向四國請求借債外，不得向他國自由借債。

唐紹儀與熊希齡之組閣，在財政上須以相當鉅款，接濟南軍，事前實有諾言，至是無法履行，力向四國外債團以外之比國銀行，商借英金一百萬鎊，以資應付，乃四國銀行團以優先權為理由，向唐內閣提出抗議，袁氏部下又以比國借款用途不明為言，加以阻擾。熊氏處斯境地，極為狼狽，熊氏嘗語朋輩云：我此番擔任財政，原抱有宏願，欲將我國財政，加以根本整理，取法歐美諸國，確立中國財政金融之優良基礎，但在國勢初定之際，秩序尚未大定之時，一切計畫，只能緩緩施行，在目前狀況之下，財政措施，只好施行二字訣，所謂「應付」而已。熊氏以素無黨派之人，居於南北兩派之間，施用敷衍手段，對於南北雙方，均未發生裂痕，實非容易之事。及至唐內閣垮臺，南派閣員，相繼拂袖而去，熊氏方一同辭職，袁世凱以熊氏素無黨籍，且其人秉性溫和，易於駕馭，故於其退去內閣之後，任以熱河都統，以表示用人無私之意。

熊氏接任都統以後，鬧了一個竊盜疑案，於其在社會上之清望，所受打擊不小。熱河雖為蒙邊荒區，然為清帝故行宮所在，行宮內所藏珍貴古董字畫不少，及熊氏離開熱河都統以後，發現此項古董，遺失不少，且有以偽品竊換者，一時社會相傳熊鳳凰變了小扒手。但此事是否熊氏屬下所為，不得而知，久已成為一種疑案。觀熊氏下臺以後，終身清貧，未嘗作古董商，在外國銀行無何存款，縱令當時故行宮古物，有所遺失，未必其本身所為也。

後來馮玉祥及某某政客，欲發古董財，將溥儀驅逐，強取清宮古物，售諸美法諸國。據外報所載，馮玉祥在外國存款之鉅，駭人聽聞，皆係售賣清宮之古物所得。熊氏在當時縱有掉換一二古董之事，亦不過鼠竊狗偷耳。以馮玉祥及某某政客比之，殆所謂小巫見大巫矣。

鳳凰鳴高崗眾山皆寂
龍蛇興大陸一霎曇花

古人有言曰：「帝者與師處，王者與友處，亡國之君與奴處。」這就是說：凡做最大事業能成大功的人，必能招攬學問、道德、才幹、謀略四者均優於我本身的第一等人才而師事之、任用之。做次等事業能成功的人，亦必能尋覓學問、道德、才幹、謀略與我本身相等者，而友事之、任用之。至於只知奉令承教、脅肩諂笑之輩，是所謂奴才也。凡當大任執政權之人，若朝夕與此輩相處而信任之，任用之，則國未有不亡，而事業未有不失敗者也。觀於民初一敗塗地之袁世凱，益足證明古訓之信而有徵，足以為後來當國者前車之鑒。

袁氏值清末腐敗親貴當權之際，利用革命風潮，一腳踢翻清室，以為天下事不過爾爾。得志以後，所親信者，僅僅少數庸碌幕僚，所倚任者，僅僅少數腐舊官僚，對於稍有學識負有眾望之人，類皆敬鬼神而遠之，以故於時代思潮，人心趨嚮，懵然不知，所謂「亡國之君與奴處」者也？又安得不倒行逆施，自取滅亡耶？

袁氏於二次革命將起之際，為掩飾頑固守舊之根性起見，擬用少數溫和派之新式人才，代替革命派，組職混合內閣，以粉飾新舊合作之假招牌。熊希齡非革命派，而在當時有維新出色人才之稱，故由革命黨人，推其為財政部長。袁氏見其人平平和和，容易駕馭，乃於排斥革黨閣員之後，挑選了這位熊鳳凰為內閣總理，除陸海軍仍歸北洋派主持外，以外各閒部，皆由熊氏自行選擇，熊氏高興之至。乃招致維新名人梁啟超拒任司法部長；南通實業家張謇擔任工商部長；新派縱橫家楊度擔任教育部長。熊氏向新聞界發表談話稱：「我此番組識內閣，所羅致之閣員，皆為第一流人才」云云。由是各報以趣語標題曰：「熊鳳凰組織第一流內閣，熊氏亦以第一流總理自居，不稍謙讓。」

熊鳳凰登臺之初，南方正在醞釀二次革命，熊氏既與袁氏合作，當然以保持統一，消弭戰爭，為鳳凰內閣之唯一政綱。當時之日本人，對華政策，認為南北分裂，於日本侵略政策，大有裨益，若中國完成南北統一之局，則於彼國之侵略進行，有所不便。乃由彼國在野黨名人犬養毅來請遊歷，慫恿南方革命派，發動革命，以期得收漁人之利。鳳凰登臺後之第一炮，即為通電揭穿日本圖謀分裂中國之陰謀，其電文如左：

報載四省獨立，有在寧設立政府，推岑西林為總統之謠。辛亥南北議和時，犬養毅等曾來運動南北分立，渠與希齡，本屬舊交，屢至滬寓，密告希齡，謂袁如得志，中國可危，不如勸孫黃公推岑為總統，與袁對抗。並要求希齡，介紹往見。齡與張謇、湯壽潛、莊思緘、趙鳳昌諸君，與犬養接談數次，察知其陰謀，故極力反對分立之說，幸黃克強當時力主和議，岑西林亦推病不見，犬養掃興而歸。去年春犬養再度來華，乃不與希齡接洽，今統一甫告完成，若再行分裂，適中日人之計，務望南北諸名公審慎將事，保持統一局面，一切南北歧見，均可從容商議，無不可和平解決之事。若不忍一朝之憤，遽採急烈行動，則適中強鄰之陰謀，大局前途，不堪設想，謹佈血誠，伏祈公鑒。

熊氏此電，在當時可謂苦口婆心矣！

苦心事共和鳳凰鎩羽
通電廢國會辮帥遺議

熊鳳凰所組織之第一流內閣，只有熊之本身及梁啟超、張謇三人，較為開明，其餘概為奉令承教之輩。熊梁張三人之本意，固不贊成南派之激烈行動，內心亦反對北派之野蠻行為，實欲以中間系調人自居，緩和兩派之衝突，慢慢的使共和政治，走上軌道，用心可謂良苦。無奈激烈派過於意氣用事，而北洋系又恃勝而驕，野蠻行動，層出不窮，所謂第一流內閣者，終於一籌莫展，自行垮臺！

當鳳凰登臺之初，即遇一個棘手難題，就是北洋派要解散議會及憲法起草委員會，熊梁張這三位開明人物，自然不以為然，但亦無公然反對之勇氣。袁世凱欲以所屬各省軍民長官為後援，解散國會及憲法起草委員會，曾於是年十月二十五日，通電各省軍民長官，稱民黨憑藉國會，肆意搗亂，所起草之憲法草案，不適國情，各長官對之有何意見，限於五日以內電覆，以便處理云云。於是各省軍民長官，一律仰體意旨，電請解散國會。最好笑者，張勳的覆電稱：「憲法草案，乖謬絕倫，勳雖不才，以身許國，誅鋤叛逆，萬死不辭。」淮軍老將姜桂題電稱：「議員輩皆為新進少年，任意搗亂，實為國民公敵，應請取消黨會，掃除機構。」

袁世凱之命令各省軍民長官，陳述意見，就是採用古代帝皇有重要事件詢於四岳之故事，以張聲勢之意。各省覆電到齊，袁氏即於十一月四日，下解散國民黨之令，撤銷列名黨籍議員，另行補選，另下嚴令云：「嗣後如再有以黨之名義，演說開會或散發傳單者，均屬亂黨，一律拿辦。廣東與湖南，為亂黨根據地，暴民專制，土匪橫行，該兩省軍民長官，尤宜加意鎮壓。」由是粵籍議員伍漢持在天津被地方官執行槍斃，順治門外彰儀門大街之國民黨本部，為軍警三百餘人所包圍，取去黨證。離京議員，須要五人作保，擔保其日後不反對政府。袁氏左右，又以國會候補議員，仍以國民黨佔多數，主張解散國會，以絕根株。這樣一來，連一向為袁氏捧場之進步黨議員，均一筆鉤銷。進步黨議員，以利害所關，自然異常憤慨，便種下後來反袁的根基。

當時梁啟超見袁氏之行動，野蠻如此，便跑去謁袁，思加以阻止。袁心知其一意，竟推故不見，在客廳久久等候，俟撤銷令下後，方接見梁氏。梁提出阻止意見，袁氏答云：「命令已下，難於收回。」梁氏無言而退。同時湯化龍以眾議院議長地位，發表宣言，指斥解散令之絕對違法，其宣言稱：「議員資格，是應由議曾決定，不受任何外力之干涉，倘委為內亂嫌疑，則應舉出確證，由法定手續，以求解決。」湯命令議院辦事人，不論何黨議員，以後本會開會通知，仍須照常投送。

湯氏旋在見袁氏，作退一步的請求，請將未附亂議員證章發還，以免議會發生不足法定人數之缺陷。當時袁氏已抱有根本解散議會之決心，對於湯氏提議，不作有定答覆。湯氏掃興而退。熊鳳凰號稱開明，當了這樣難關，真是說不出的苦。當袁氏下了解散憲法起草委員會亂命時，熊氏即暗中囑付議會重要分子，宜暫停開會，免招麻煩。由是議會改開談話會，討論維持議員資格辦法。袁氏亦採納其意見，令警廳將國民黨議員，歸納為三類：（一）是早經脫黨者；（二）是未脫黨而不附亂者；（三）是隸黨而附亂者。對於上列國民黨之三種議員，加以差別待遇。

誤入迷途熊鳳凰暫作傀儡
作法自斃袁項城欽派議員

熊鳳凰不是革命家，也不是頑固保守派，他是主張以平和步驟，更新政治，走上軌道的一位穩健人物。當袁世凱打倒二次革命，挾戰勝餘威，預備完成獨裁制度之際，熊氏誤入迷途，做了傀儡總理，好似手無寸鐵之白面書主，搭上了強盜船，真是說不出的苦。他所邀的第一流閣員張謇，原為南通紗業大王，區區部長名義，原不在他的眼眶角裡，看看形勢不對，早就捲起鋪蓋走了。熊氏是一個溫和性的人，雖有求去之心，但恐開罪於袁氏，只得虛與委蛇，慢慢擺脫。

袁氏決心廢除約法，解散議會，組織所謂政治會議，以為毀法造法之機關，議員由總統府派出八名，由國務院派出四名，各部每部派出一人，各省每省推薦二人組織之。此項會議之惟一目的，在議定一種國會組織法，成立一個唯命是聽之新國會。議長原已內定楊度，但袁氏所心重者，為舊式官僚，後改以前清總督李經羲為議長，以張國淦副之。袁氏所指派的議員是李經羲、梁敦彥、樊增祥、蔡鍔、寶熙、馬良、楊度、趙惟熙八人，後又加入饒漢祥、楊士琦二人，皆為腐舊官僚。該會會員共計九十六人，於十二月十五日，齊集新華門，由總理熊希齡，內長朱啟鈐導入居仁堂，與袁氏見面，說了一些循例官話，各議員皆是欽派人員，見了大元首，只有誠惶誠恐，服從恐後而已。

當日即在北海團城開會，由議長李經羲說了一篇有治人無治法的古話，真是好笑，其致詞稱：「現在中國所注重的是治人，而未到法治時期，本會之產生，並無成規可按，性質上，只是一種諮詢機關，有同意之權，而實行之權，則在政府，大總統只以救國為前提，不存絲毫政見，本會雖不能代表國民，卻也有本會應盡的天職」云云。其措詞用意，真有令入莫名其妙之感。同時將早已預備好了由黎元洪領銜的十九省都督通電宣布，其電文主張解散國會，修改天壇所擬之憲法草案。袁氏根據槍桿團之主張，交政治會議修訂，袁氏之用意，以為凡是毀法壞紀之行動，均托名槍悍階級之主張，則人人恐懼，不敢不從，而本人亦可援堯咨四岳之古典，可以免除獨裁專制之名。不知此風一開，不可收拾，袁氏晚年之垮臺，其根基即種於此。古訓有「作法自斃」之言，袁氏之此種作風，不獨自斃而已，實貽國家後來無窮之禍！

救國大計梟雄造笑料 副署議案啞子吃黃連

熊鳳凰當初受老袁之命，拉了梁啟超、張謇二名士，組識所謂名流內閣，初以為老袁有轉向穩健開明之意，不覺高興之至。及登臺以後，乃知老袁全採開倒車主義，頗悔參加此幕之失計，漸萌退志，然不敢有激遽表示，開罪老袁，只是採取消極態度，一言不發而已。

十二月二十九日，政治會議第一次開會，討論大總統交議之救國大計案，所謂救國大計者，就是資遣議員回籍案，及增修約法程序案。這兩案名之曰救國大計，真可謂滑稽之至。可以想見老袁幕僚腐陋之一斑。政治會議人員達九十六人之多，對於此案，面面相覷，無一發言者。在老袁之意，所謂政治會議者，無非表示解散議會等等一切非法行動，係全國槍桿階級之公意，而非出於我袁某一人之私意，他以為這便叫做共和，真是好笑。

形式會議結果，將本案交付審查，由議長指定孫毓筠等十五人為審查委員，而以蔡鍔為審查長。定於民國三年一月二日開會審查，審查時，有主張倣照民元參議院成例，由各省推派三人組織共和議院，以代替立法機關者。又有人說此項辦法，為搗亂派所造之惡例，必為現政府所不願採用。乃於三年一月十日，以下列兩答案，呈覆於袁氏：

（一）國會議員應停止職權，至給資多少，由政府決定，回籍與否，聽其自便。

（二）增修約法事，本會不便越權，應特設造法機關。

老袁即根據這個議案，停止議員職務，依例須由總理副署，這個問題，真是使熊鳳凰為難之至，拒絕副署，則開罪老袁，本身尚有熱河行宮古董案，未曾了結，馬上有被踐踏之可能。若俯首副署，則將得罪海內多數知識分子。乃與梁任公等，討論緩和辦法，因梁氏為進步黨中人，袁氏此舉，不獨驅逐國民黨議員，且並進步黨議員，一律驅逐，自然不滿。熊梁二人，乃往謁老袁，希望採用一種折中辦法。熊梁之意，以為今日之政府，乃根據南京所定之約法而產生者，若全然消滅議會，於法理上，似乎有點說不過去。老袁則說：「甚麼法理不法理，他們在南京憑藉一時革命風潮，制定一種束縛中央之亡國約法。以為搗亂之工具，好容易將這種惡勢力消滅完了，尚欲尊重他們少數人操縱造成的惡法統，豈非認賊作父麼？至於議員中，不少穩健分子，將來新議會議員選舉時，政府將力與援助，俾其當選，請兩君轉告各穩健議員」云云。

熊梁聽了老袁這番答語，知道無轉圜餘地，只得唯唯而退。

熊梁回去以後，細加研究，若拒絕副署，將立即決裂，自本身利害言之，實非所宜，只有勉強副署，徐圖擺脫之一法。於是熊鳳凰遂勉強副署了這個停止議員職務的獨裁命令。同時，袁又下令云：政治會議，全體議決，請特設造法機關，按諸美英法先例，既屬同符，準以吾國政情，尤為切中，惟造法機關，應如何組織，用何種名稱，其職權範圍及議員選派方法，應如何妥慎訂定，特再諮詢該會，尅日議決具覆，以便公布施行。

觀老袁這項命令，頗有不許政治會議推避責任含糊了事之意，實則一切官樣文章，早已準備好了，不過依樣糊塗一番而已。

欽定新約法名流垮臺
一色舊官僚大開倒車

號稱第一流的鳳凰總理，對於老袁一切作為，心中極不謂然，而又不能不副署其所下之獨裁命令，真有啞子吃黃連，有苦說不出之慨！

老袁根據政治會議之官式答案，隨即召開所謂約法會議，議員由二十二行省派四十四人，蒙藏青海八人，京師四人，全國商會四人，共為六十人。選舉孫毓筠、施愚為正副會長。實際上即是政治會議之化身，議員中有總統府秘書，有遺老，有舊名士，大半皆是一班老舊官僚，無一不是出於欽派，名義上，也叫做代表民意之制憲會議。在老袁口中，總是批評南京所訂《臨時約法》，係各省都督所派的參議員所制成，不能代表民意，而此次所召集的制憲會議，則實際上等於欽派，不但蹈南京臨時參議院之覆轍，且又變本加厲焉。

制憲會議之憲法草案，係出於袁政府之提出，會議一一通過，真可謂之欽定憲法。此項憲法用春秋大一統及孟子定於一之舊學院說，為制定總統制之根據。改總理為國務卿，意若謂美國採用總統制，今日我們倣而效之，世人不得而非之也。熊鳳凰登臺之初，在名義上是責任內閣，今老袁既決意改用集權總統制，他們看看形勢不對，自審再無戀棧餘地，遂與梁張二名流暗商，我們快點捲鋪蓋罷！加之，那時又發生兩個不愉快事件，使熊氏決難再敷衍下去：

（一）為報載熱河行宮古物案，謂熊任熱河都統時，有縱容部屬偷竊情事。熊以公函請內務部轉知警廳查究，警廳將原函照轉檢察廳，檢廳竟批「飭具訴狀，原件卻回」。熊氏認為大傷體面。

（二）為熊氏主張大裁軍隊，節省開支，全國軍隊，應減為二十萬。陸長段祺瑞，竟對熊總理破口大罵，熊氏受此重大打擊，遂稱病請假。

未幾，即申請辭職。梁張二人，為熊所邀名流閣員，應共同進退，亦同時提出辭職，老袁一向樂於使用老舊官僚，對於自命名流之輩，原有敬而遠之之意。接了三名流辭呈，除照例慰留一番外，乃另為熊梁張三人，安插一種名目，以示優待名流之厚意。乃於民三年二月十二日，准許熊梁張三人辭職，以孫寶琦代理總理，同時任命熊希齡為全國煤油督辦，梁啟超為水利局總裁，張謇為幣制局總裁，實則此類名目，無事可辦，不過懸掛一個頭銜而已。

到了五月一日，公佈所謂新約法，廢止國務院官制，設政事堂於總統府，任命徐世昌為國務卿，呼之為相國。以楊士琦、錢能訓為政事堂左右丞，張一麟為政事堂機要局長。又設陸海軍統率辦事處，任廕昌、王士珍、薩鎮冰等為辦事員，公府秘書更名為內史，而以阮忠樞為內史監。以曾彝進、王式通副之。由此老袁左右變成了清一色舊官僚，具有時代知識之人，可以說得絕無一人，又安得不日開倒車，走入荊棘叢中耶！

熊梁張三氏，下臺以後，張謇仍舊做他的紗大王。熊氏從此無從政機會，後在西山創辦一所幼稚園，所聘教員毛女士，朝夕共事，後來竟完成了梁鴻、孟光偕老之約。惟梁任公後來參加攻

黃遠生舊事重提

態度中立兩面不討好
腰纏十萬一命終難逃

民國初年，有兩位名記者，及四位詩人，均落入枉死城，其中有禍遭意外者，有故捋虎鬚者，有咎由自取者，致禍原因，極不一致。然此六人者，均與余共事多年，目睹其橫遭慘禍，憶奮情深，所謂六人者，即黃遠生、林萬里、林長民、梁鴻志、黃秋岳、楊瑟君是也。民初，余在北京辦《亞細亞日報》，這六位先生，均曾襄助文字，且歷時數年之久，今作《憶往錄》，此六人之聲容笑貌，及其遭禍之經過，時時往來於心中，而不能釋，雖欲不為之撰述一番，而不可得，至於所寫文字，對於六人之本身，為流芳，為遺臭，未暇計及也。

名記者黃遠生之生平軼事，筆者在本報港新第七五九號本欄所寫的〈黃遠生奇人奇事〉一文中，已記述甚詳，茲再將遺漏部分，補叙如下：遠生留學日本歸國後，住北京，即以記者為生，當時上海《申報》之「遠生通訊」，妙絕一時。又長於演說，偶有集會，遠生站立致詞，往往於一種平常事件，能奇峰突出，慫人聞聽，一如其文字之動人心目。遠生秉性溫和，善於交際，當時之老生宿儒，莫不稱之。遠生既投身新聞界，不願作官，於是兼事律師，貼補生計。當時杭州胡慶餘堂藥店，生意極為宏大，業主為滿族某，辛亥革命之際，為浙江革命政府所沒收，後經委托遠生訴諸行政法院，請求發還，業主勝訴，遠生得酬金現洋拾萬，窮書生一變而為富家翁，因此之故，後來遠生偶爾拂意，便遠走美洲以避之，因遭慘殺。古語云：多財為患害。遠生之遭禍，固尤其過於膽小，而腰纏十萬，亦有以促成之也。

當袁世凱圖謀稱帝之際，其左右幕僚之計畫，曾一度以編書為名，請筆桿階級編纂《德皇威廉傳》、《鐵血宰相俾士麥傳》、《英女皇維多利亞傳》等等西洋君相史實，以試探言論界之意見。丁佛言、黃遠生等，均在羅致之列。丁佛言大發揮聯邦主義，以為德國為聯邦，美國亦為聯邦，富強冠於世界，中國欲求富強，非採用聯邦制不可，至於國體為何種形式，不關重要。遠生等亦依樣葫蘆，勉強交卷。

據事後袁氏心腹夏壽田與余談及，當初計畫，原欲即以這班名報人，以學理著作，造成帝制輿論，緩緩實行。乃皙子（楊度號）聞知此項消息，趕撰〈君憲救國論〉，自告奮勇，面謁項城，以發起籌安會自任。當時袁氏頗不謂然，經皙子再三要求，始勉強同意，假令皙子不採此種猛烈行動，緩緩施行，雖帝制萬無成理，而各方之反對，決不若是之積極云云。

由此可知，黃遠生、丁佛言等，原為袁氏幕僚準備之一位揚子雲。遠生擔任上海《申報》通信，帝制議初起時，遠生所發電報，但述此項行動如何進行，不置可否之見，後來察知徐世昌、

林白水擊鼓罵曹

謔語嘲賭徒面畫么二三四
書生罹禍害怒觸狗肉將軍

自來文人以謾罵招致殺身之禍者，不一人，其載在史冊，演為小說，為婦孺咸知者，莫過於禰正平。然禰正平之所罵者，為曹孟德，孟德雖為奸雄，究不失為一代英雄，可以說夠得上一罵。假令正平當時因擊鼓罵曹，因遽遭殺戮，亦可以說得上雖死無怨。但曹操畢竟有點書卷氣，不肯遽殺狂生，正平由是更加狂放了，以為我曾經臭罵過當代惟一權要，他亦無如我何，你這區區黃祖，算是甚麼東西，偶爾拂意，便大罵而特罵，因此，而致喪命！李太白詩云：「黃祖斗筲人，殺之受惡名。」又云：「吳江賦鸚鵡，感慨意難平。」吾嘗瀏覽此詩，聯想及於故友林少泉之遭難，不禁為之再三興嘆也。

林萬里，號少泉，筆名白水，福州人。清季留學日本，其妹林仲素，亦負笈扶桑，同學開會，常與女革命家秋瑾同到會。秋瑾演說，激烈如虎，仲素則溫文爾雅，與秋瑾之激烈，及乃兄之冷刻面貌，大異其趣。後來秋瑾與白水，均不得其死，乃知秉性激烈，與秉性冷刻者，易招禍患，理有固然也。

少泉擅長文字，下筆千言，性冷刻傲慢，不適於鑽洞作官。清末居上海，以譯著賣文為生，極不得志。民初入袁世凱幕府，亦只是照例治文書而已，不能與夏壽田之流，同參機密。袁氏逝世後，少泉改行為報人，在北京創辦《社會日報》，每日寫評論文一篇，夾述夾議，冷刻萬分。當時附和軍閥之大官僚，莫不畏之，因為經他一枝冷刻之筆，加以描寫，製造一種刻薄名詞，社會上便互相傳述，被詆毀者便染了滿面污點，雖用西江之水，亦不能洗淨。當時張岱杉方任財長，素有賭徒之稱，少泉乃於評論文中，加以詆譭之詞云：「張弧懂得甚麼財政，他惟熟悉賭經耳！說起張弧這個人，就令人想到他的面上，畫有十字架，四角寫有么二三四幾個大字。」一時傳為笑談。張弧只得託人關說，送以財帛，請其筆下留情，勿過於刻薄。

當時上海有一種小報，專以攻人陰私，脅迫取財為生活。少泉久居滬上，未免沾染幾許海派作風，凡遇登臺握權之輩，總是先以攻擊示威，令其俯首求和而後已。乃久久成習慣，未暇顧慮後果，竟貿然攻擊到殺人如薙草的「紅鬍子」張宗昌身上去了，以此送命，亦可哀已。奉派勾結馮玉祥打倒吳佩孚以後，西伯利亞派紅鬍子張宗昌由冷口進關，為倒吳第一先鋒，駐軍平津，氣焰之高，不可一世。潘復為張宗昌同鄉，與之聯絡，得任總理。少泉乃於報上作攻擊之文，刻薄異常。因張宗昌每晚必賭牌九，北方土語，稱賭牌九為吃狗肉。少泉文中，乃將潘復依附張宗昌，比之為張宗昌之腎囊，創為「腎囊總理」，與「狗肉將軍」之對聯名詞，大罵特罵。張宗昌並不看報，潘復看了這篇文章，氣極了，以為林萬里這個傢伙，乃敢如此刻毒罵人，我要與他開個頑笑，他是大煙鬼，我叫他身入牢中，十天半月，斷絕鴉片煙，看他痛苦不痛苦。於是，將這份報紙，當面交給張宗昌，張見了，怒不可遏，便說槍斃槍斃。

潘復究竟是略識文墨的人，原無要林某老命之意，看到張鬍子，劍拔弩張，要殺林白水，亦大為著慌，再三求寬，張不聽，到了晚上，我聽得這個消息，便趕到張宗昌每晚聚賭之潘復宅中，為少泉再三解釋，請求免其一死。張無允意。未幾，少泉同鄉人著名賭徒李律閣，亦來為之求情。張宗昌總是顧左右而言他，鬧到將近天亮，張宗昌起身將走，我看看形勢急迫，我便手拉張宗昌衣角，跪在地下，引了曹操不殺擊鼓罵曹之禰衡，而黃祖殺之，為後世所痛斥這段故事以動之。張宗昌便說：「好好，我下令叫他們緩執行罷。」於是張宗昌便執筆寫了「槍斃林萬里一案，著緩執行。」十一個字，蓋了章，交警察總監李某趕送憲兵隊，乃李某到時，業已槍斃，只遲到半個鐘頭，余為救同業舊友，屈膝於紅鬚子之前，未得救其一命，至今猶引為恨事也。

梁鴻志自比諸葛

因四夷朝貢圖立致巨富
做幾天代主席不得善終

昔李太白上權要書，往往自稱隴西布衣，漢將軍李廣之後。以譜系言，李陵又為李廣之後，李太白安知其不為李陵之後，且李陵之〈河梁別蘇武詩〉，為千古絕調，實居漢代詩人之第一位。李太白又為盛唐第一名詩人，引祖稱宗，應當自稱李陵後系，方合身分，顧何以僅以南山射虎、猿臂善射之李廣自誇，而於名詩人李陵，竟諱莫如深，一字不提，讀者諸君，知道這個原因麼？

太白之意，無非以李廣為漢名將，不肯對簿法吏，甘心伏劍而死，英氣蓋世，故引以為榮。至於李陵，乃降將軍也，雖文采照耀後世，太白不肯一言及之者，職是故耳。吾述古事至此，因而聯想及於誤入迷途之梁鴻志諸人，不禁為之嘆息不置也！

梁鴻志，號眾異，福州人。他的名與號，係用陳涉故事。史記陳涉列傳云：「涉在耕田時，語同耕者云，大丈夫當奮起稱王耳，安能久事隴畝。同耕者云：汝今為田夫，安得妄想稱王？陳涉嘆曰：燕雀安知鴻鵠之志哉！眾目而異之。」梁鴻志號眾異之故事，全出於此。這樣名號，具有揭竿起事之意。

梁鴻志志在科舉，不知何以起此名號，陳涉稱王後，終於不得其死。梁鴻志亦不得善終！豈名號早為其預兆耶？梁鴻志學詩於陳石遺，為閩派詩人之一，所刻詩名曰《爰居閣集》，詞藻頗有可觀。得志以後，住於北平西城，所寓之宅，係袁海觀故宅，中經楊度住居，楊度於帝制失敗以後，移居津滬，此宅由梁鴻志與向構父接住。梁作大門對聯云：「旁人錯認『楊』雄宅；日暮聊為『梁』父吟。」此聯將楊梁二字裝入聯中，又比楊度為向王莽勸進之揚雄，而自己則居然以諸葛孔明自命，可謂妙絕！但後來自已居然作了降敵之李陵，而文采之流傳，又弗如遠甚，假令楊度地下有知，必當反唇相稽矣。

梁氏清末，畢業京師大學堂，民初任國務院秘書，兼為余所辦《亞細亞日報》襄助文字，並任訪員。後來段祺瑞得勢，梁氏得同鄉曾毓雋提挈，任總司令段芝貴之秘書長。當直派吳佩孚打倒段家軍之際，段軍尚保存軍餉三百萬在天津，師潰以後，由總司令、參謀長、軍長等，瓜分此款。梁鴻志以秘書長資格，實分得現款五十萬，加以財星高照，梁氏以二萬元，購入其同鄉某名宦所藏閻立本四夷朝貢圖一幀，售諸日本富豪岩崎，得價日幣三十萬，從此窮書生，一變而為富家翁，夠他享受了。人苦不知足，做了富翁想高官，及日本人佔領長江，安福系之王揖唐，在北京登上傀儡臺，梁鴻志亦不甘寂寞，想在日本人槍桿之下，過過官癮，他便冒冒失失，做了幾天所謂維新政府的代理主席。

其後汪精衛組織偽團，梁氏退居閒曹，他對於前此貿然出面之舉，早有悔意，余由重慶赴滬，告以日本人一向對於殖民地之作風，無論抗戰結果，成敗如何，我們書生們何可為虎作倀，留下千古罵名？因勸其與中央通聲氣，勿與汪精衛一致行動。梁氏即採納余言，與孔庸之時通函電，對於抗戰進行，頗有所助力。日人投降以後，梁氏交付法庭，庸之曾為出具證明書，提交法庭，但當時中央對於漢奸判刑，定有一種原則，凡曾充偽政擺首領之人，均在處死之列，梁氏竟以曾充偽維新政府主席之故，未能免其一死。梁氏雖名為鴻志，實則並無野心，不過在軍閥幕中混久了，以為一起一伏，皆是作官機會，不知內亂時期，可以瞎混，外患時期，又安可瞎混！此等大關節，不能明瞭，又安得不身敗名裂耶！

黃秋岳誤入迷途

文字訂交舊遊成夢幻
書生誤國通訊洩軍機

自來文人迷途之誤，遭禍之慘，未有甚於黃秋岳者也。秋岳名濬，筆名哲維。其父前清進士，原籍臺灣，自甲午割臺以後，不甘作倭奴之奴，舉家移居福州，遂為福州人。秋岳生長北京，入譯學館習法文，所嗜為舊文學。清末余創辦《亞細亞日報》於北京，除邀名政論家丁佛言、黃遠生、劉少少、李猶龍、黃新彥諸作家，擔任政論文字及新聞編輯外，並約譯學館精習英法德文者數人，翻譯歐美報章雜誌，秋岳亦在被邀之列。

入社後，始知其擅長舊文學，乃請其主編副刊。當時北京報章，內容異常簡陋，自本報出版，氣象一新，尤其副刊文藝，最為出色。當時名詩人樊樊山、易實甫、陳散原、陳石遺、羅掞東諸公之詩文作品，均在本報發表。北京號稱戲迷國，名評劇家張謬子，為本報擔任評劇一欄，尤有特色。當時易實甫先生，暮年潦倒，每藉觀女優戲劇，以澆胸中塊壘，其所捧之角，為金玉蘭，時作詩贊美之。而本報記者劉少少，所捧之角，則為劉喜奎，少少作文捧劉喜奎為戲王，實甫先生作詩以揚雄美新譏之，少少是一面半神經病先生，見之便在報上對罵，甚麼真名士假名士，寫了一大篇。秋岳乃設筵邀請諸老詩人及實甫、少少赴宴，由樊山為之解紛，筵間，笑謔百出，稱為一時雅集！回思往事，如在夢中，此等盛會，安可復得！

余每日在外酬應，採訪政聞，副刊文藝，全由秋岳主持，未嘗過問。秋岳因之文名大振，諸老詩人，譽不絕口，各方爭相羅致，用為秘書。其人體格矮小，不適於傀儡架子，一生到死，皆是秘書生涯，其在北方任秘書之時，每每兼為中外報社兼任採訪，辦公之暇，常撰特稿，供給各報，以貼補生活，久之成為習慣，一旦誤入迷途，身遭慘禍，亦可哀已！

汪精衛任南京行政院長，以秋岳文采可觀，用為機要秘書，而秋岳之為各報兼撰通訊，不改故態，與日本記者，時有往來。是時日本已侵佔東北，我國方在預備抵抗，日人欲知我國真意，一舉一動，皆所留意。秋岳因日本記者之介，遂誤陷魔鬼掌中，而不能自拔。當時日本駐南京領事為須磨氏，以重金誘之，令其作通訊報告，秋岳向於國際常識，不甚了了，尚以為與領事通訊，亦等於與外國報社通訊耳，不知此即是罪大禍極之間諜行為，稍涉學問之人，何得輕於從事，旋為當事查知，與其任職外交部之長子，同處極刑！傳者紛紛其說，謂其報告貽禍軍事，如何重要，余不忍為之詳述，余與秋岳共事，在民國十年以前，此後天各一方，不相聞問，余觀其為人，小心翼翼，非輕舉妄動之流，不知何以頭腦不明，一至如此！至今回憶遭禍經過，猶為之神傷不置。

林宗孟與楊瑟君

降志辱身枉稱穩健派
隨波逐流空負未易才

從來富有學識具有懷抱之人，決不肯隨隨便便，為庸庸碌碌之輩所驅策，而供其犧牲。昔人有言：當今之世，不但君擇臣，臣亦擇君。這就是說當權執政之人，必須選賢而用，擇才而使，而後事業方克有成。而懷才待用之士，亦必須選擇經綸才幹大有作為之人，方可與之共事。假令韓信、張良，不遇闊達大度之劉季，決不肯參其幃幄，而受其登壇拜將之虛榮。又假令劉先主為庸碌猥瑣之輩，雖九顧孔明於草廬之中，而淡泊明志之諸葛公，亦必不肯遽然出山，而輕以鞠躬盡瘁許之。吾書古人往事至此，聯想及於與鼠輩共事因以招禍之林宗孟、楊瑟君兩文士，不禁為之痛惜不置也。

林宗孟，名長民，福州人。父為前清翰林，官杭州知府。幼受家教，習文學，能楷書，若不廢科舉，則必為兩代翰林，毫無疑問。宗孟清末留學東京早稻田大學，當時中國學生同學數十人，皆為自命不凡之輩，然以文學素養而言，除楊度外，未有能及之者。辛亥革命，宗孟被選為眾議院議員，湯化龍任議長，推宗孟兼任秘書長。議員年齡，以三十至四十者居多，當時風氣，喜留長鬚，孫洪伊、劉崇佑，及宗孟三人，皆滿嘴于思，一時有三大鬍子之稱。

議會解散後，宗孟頗自愛惜，對於屢次護法行動，及軍閥鬥爭，均未參加，號為「穩健派」，乃久靜思動，無端參加了奉軍將領郭松齡倒戈一幕，致遭殺身之禍，實為朋輩意想不到之事！郭松齡前在瀋陽主辦軍事學校，張學良受業該校，具有師生關係，故張氏父子，對之頗為信任。後來郭松齡獨統一軍，駐紮灤州。當時奉軍多駐關內，關外駐軍寥寥，郭松齡忽起野心，謀取遼東王而代之，宗孟實參郭之戎幕，傳者謂郭之倒戈計畫，實出於宗孟之運籌，郭松齡乘奉派將領姜登選等經過灤州之際，以開會為名，即在會場槍斃姜等，高舉反奉之幟，聲勢盛極一時。

是時關外奉軍，只有未經新式訓練之吳俊陞少數軍隊，駐在黑龍江。當郭松齡起事之初，以為奪取遼東，如探囊取物耳，意想不到吳俊陞之舊鬍軍，忽然變成了精銳新軍，且飛將軍從天而降，不數日間，漫山遍野，如潮而至，郭軍防不勝防，頃刻之間，全被包圍，不能得脫。軍統郭松齡及運籌幃幄之林宗孟，皆死於亂槍之下。你們以為打倒郭軍者，真是吳俊陞軍隊否？不知全是日本軍隊之一種掩目戲法。蓋日本參謀部以為張作霖腐壞易與，留作遼東王，便於侵略，若易以敢作敢為之新人，不免於將來侵略進行，發生窒礙，故令其駐瀋軍隊，假扮奉軍服裝，以迅雷不及掩耳之手段，迅予消滅，此乃郭松齡及林宗孟所預料不到之事！

郭松齡為一短識軍士，死不足惜，林宗孟為一智識分子，且在議會頗負眾望，何至降志辱身，參加此輩戎幕，身當前線，以身試險，宗孟性情溫和，向無急言劇色，竟遭此慘禍，可以為輕於去就者前車之鑒矣！

楊瑟君，安徽人。在舊京文場露頭角時，年甫二十餘，貌韶秀，酷似梅蘭芳，一時以蓮花似六郎譃之。清末民初，瑟君族人楊士驤、士琦兄弟，做總督、做總長，高居顯位，瑟君在機關任職，只是秘書參事，從事筆桿生活而已。

瑟君之詩，一如其人，富有韶秀之氣。樊山、實甫諸老詩人，均以未易才目之。袁段相繼垮臺以後，瑟君愈不得意，張宗昌之被韓復榘擊垮也，張部褚玉璞尚率所部駐於山東沿海之一角落，羅致幕府，原擬招聘梁鴻志，梁嫌其局面狹小，不肯屈就，乃薦瑟君以自代。後來褚玉璞為韓復榘擊敗，瑟君竟與褚玉璞同死於亂軍中，亦可哀已！

湘綺門下兩揚雄

學術深慚鬼谷子
雄篇傳下美新文

吾人目睹今日世界之形勢，與我國古代戰國時之縱橫對立，抑何其相似之甚也。今日之所謂蘇聯者，即昔日連橫之秦國也。所謂聯合國者，即昔日合縱之六國也。蘇聯思利用馬克思主義，併吞全世界，此即是當時所斥為虎狼之秦；聯合國組織反共同盟，此即是當時連合抗秦之六國。戰國時主持縱橫兩陣線者，有兩位大政治家，一為蘇秦；一為張儀。蘇張二人，只圖逞其個人之慾望，乃是戰國時風氣所使然，不能以近代政治眼光，論其臧否，然其才辯幹略，若以之擔任今日之外交，則決為獨一無二之名外交家，殆無疑義。

蘇張縱橫之學，傳自鬼谷子，這位縱橫學大師，隱姓理名，居於鬼谷，所傳者，皆是鬼氣陰沉之學術，與傳太公陰符於張子房之黃石公，大有邪正之分，宜乎子房受其教，而成佐命之功，蘇張傳其術，適足以禍國耳。

楊度素有縱橫家之稱，曾受業王湘綺之門，故世人亦比王湘綺為鬼谷子，稱其富有縱橫學術，實則王湘綺特富有揚雄之學耳，縱橫之術，非其所了解。蓋作詞賦，識奇字，研古文，此揚雄之學也；揣摩時事，發無不中，此鬼谷之術也。

湘綺當曾左風雲際會之際，未曾有半點作為，安識縱橫之術。是以受業王門之楊度，雖抱有縱橫之志，絕不了解縱橫之術，是以一生政治行動，無一不遭失敗，適足成為投閣之揚雄而已，縱橫家云乎哉！

楊度之為揚雄，無人不知，因其曾放空心大炮，冀居勸進首功之故，不知楊度特一表面上之揚雄耳，尚有一實際上之揚雄，亦為王湘綺之高足，而其姓名不為社會所共知，因其僅居贊襄帷幄之地位，在社會上極少露面，故社會對之，不甚注意耳。其人為誰？即夏午詒是也。

午詒名壽田，其父夏峙，清末曾任江西巡撫。午詒受業湘綺之門，專攻文學，詩學湘綺體，下筆千言，書法尤精，楷書隸篆，無一不工，年未三十，中進士，點榜眼，在科舉時代，飛黃騰達，指日可期，但科舉廢了，這一類鼎甲名詞，已成為廢物。當時稍有時代知識之張謇狀元，則改作陶朱公；貴州夏狀元，則赴日留學，以免為時代之落伍者。惟這位夏榜眼，則保守成性，不屑追逐時潮。而其父雖曾任封疆大吏，但清廉自守，逝世後，一無遺產，午詒在清末極不得志。

夏午詒一生，只入過兩次幕府，從未做過別的事情，乃兩次所事之主人翁，均遭慘敗而亡，午詒之命運，可謂欠佳之至！

午詒第一次所事之主人翁，即是赴川查辦鐵路案為革命軍所殺之端方，端午橋作兩江總督時，午詒之尊人，方官江西巡撫，有同僚關係，且端午橋素有古董癖，以午詒為鼎甲出身，故羅致入幕，待以上賓之禮。端氏由北京赴川之際，道經河南，攜午詒訪問退居彰德之袁世凱，盤桓旬日，研討時事，午詒因得與袁氏相識，袁氏極賞其人，因此種下了後來入幕做第二揚雄之一段特別因緣。

午詒隨端氏赴川，端氏過鄂時，以川中鐵路風潮，極為激烈，恐遇危險，乃商諸鄂督瑞莘儒，撥鄂軍一旅，作為衛隊，持帶入川，不料行到川鄂交界之處，黃鶴樓頭，高樹革命之幟，各省紛紛響應，隨端入川之鄂軍，又豈甘獨落人後，況端氏為滿族中人，更為當時所忌，由是端氏之命，立斃於鄂軍之手，午詒雖與端氏同行，但為漢人，且沿途與其將官時相聯絡，故雖遇此驚險鏡頭，未遭波及，亦云幸矣。午詒保護端氏棺木，由川抵漢，並載之北行，以期不負端氏之知遇，一時舊式士大夫，對於午詒此舉，咸以篤於風義稱之。

午詒到北京，適袁世凱東山再起，掌握重權，往謁袁氏，細談端午橋被殺經過，袁氏因端方與彼平日頗有交情，且在彼失意之時，往訪留連之誼，聽到夏氏細述被難情形，為之唏噓者久之。袁氏即面邀夏氏為入幕之賓，當時袁氏幕僚，均由北洋總督幕客蟬聯而來，內分三系：一為梁士詒系；二為阮忠樞系；三為張一麐系。梁士詒掛名幕府，專意攬握財權，若銀行，若鐵路，無不尤其一手包辦，造成所謂交通系。阮忠樞則接近皖系軍人，凡袁氏有特別事件，類皆由阮氏奔走傳達。張一麐則號稱新派，喜與新派接近。

再記莽大夫夏午詒

熟讀古書枉負生花筆
善承聖意見賞袁項城

中國人的歷史觀念，一向是贊成起自草澤，奪取天下的英雄，反對欺人孤兒寡婦，篡取皇位的奸雄。漢高祖原是無賴漢，漢光武是一個野心家，朱洪武是個野和尚，幸而殺人放火，打倒對方，千載而下，贊嘆不置。若乘時篡位如曹操、司馬懿，則千載而下，莫不加以譏諷。至若篡位失敗的王莽，尤其為千古唾罵之目標。士君子攀龍附鳳，應當覓一個無賴漢、野心家、野和尚，方能有圖畫麒麟閣之望，若追隨曹操、司馬懿，雖幸得成功，如華歆之徒，已遺譏千古，若攀附了篡位不成之王莽，則更是遺臭萬年，縱然文章高古如揚雄，亦在當時，即有投閣之險，歿後更貽莽大夫之譏。引述歷史戰事至此，回憶楊度、夏午詒（壽田）兩位莽大夫，不禁為之失笑。

楊度是位縱橫家，一生政治行動，皆採現實主義，甚麼千古不千古。遺臭不遺臭，是全然不在乎的。惟有那位同出王門的夏午詒榜眼，也既不是新式政客，乃是一位純讀古書的老古董，做了袁家幕僚以後，居然變成了一個純粹莽大夫，無非是感激知遇，不顧一切罷了。袁氏向來的作風，一切獨斷獨行，所有幕僚，只有仰承聖意，錦上添花，既不需要運籌帷幄之張良，亦不需要善謀善斷之房杜，更不用今日通行之形式開會，所有陰謀密計，只是二三人相與密談而已。

夏榜眼是一位無謀寡略的先生，何以後來居上，獨見賞於老袁呢？他有一枝雅潔而暢達之文筆，凡老袁有所指示，他在老袁面前，傾刻脫稿，一如老袁之所欲言，不寧惟是，且以行楷書就，全照君主時代敬呈御覽的格式，此為袁氏左右望塵莫及之獨特技術。老袁對之，自然欣賞異常。老袁晚年，在其左右預聞機要者，只有王士珍、夏榜眼二人，辦公室中，擺一長桌。老袁居中，王士珍居右，夏榜眼居左，凡一重要事件，老袁與王士珍略加討論，即由夏榜眼擬稿，老袁即簽字發下，並非如今日之文件，須經過層層手續也。

老袁之民初攬政，可分數個階段：（一）為聯革倒清時期；（二）為與議會爭權時期；（三）為打倒南方革軍時期；（四）為與部下爭權時期；（五）為圖謀稱帝時期。夏榜眼之入袁幕，在清末民初之間，經過各種階段，重要文字，多半尤其主稿，但他的獨特表演，要以贊助稱帝一幕，演出最為精采，是以以一普通幕僚，特為加上莽大夫之稱號。

自老袁逝世唆，余與夏午詒移住天津，比鄰而居，時到酒樓小酌，藉與白頭宮女，閒話玄宗。酒酣以後，午詒語余云：

我受項城知遇，自當鞠躬盡瘁，以報知己，事業失敗，毫無怨尤，但當帝制議發動之初，我亦想到有稱種難處，一則共和招牌，既已高懸數年，一旦欲改懸復古舊招牌，名不正，則言不順，易招反對派之藉口；二則項城部下如馮、段之流，早已以繼任總統自任，自不願擁護帝制；三則項城共事舊人，多半前清遺老，若臣事二姓，則難以自處，自皆不贊成此議。

有此三難，枝節發生，自在意中。但當時項城帝制自為之意，極為堅決，對於日常公件，每每擺在一旁，時對余云，甚麼叫做共和，簡直是共亡罷了，這一類的說法，幾乎每日聽到，余早已心知其意，只好以改變國體之言進，項城便對我作具體進行之研討，是時晳子（楊度字）方為梁士詒所排擠，退居青島，余以項城之意告之，晳子正苦打入冷宮，便撰〈君憲救國論〉，有類於揚子雲之美新文。

項城接讀此文，自然正合孤意，便將此書交與梁土詒及徐世昌閱看，藉以徵取二人之意見。梁徐二人看了此書，均滿口稱讚，項城以為梁徐皆贊成此舉，準備進行，更為積極。話說回來，晳子所著之君憲論，固為項城所心賞，但籌安會之發起，項城實不謂然，項城之意，乃欲使疏遠之文化人士，發動此事，不欲與其接近之晳子，發起此會，而晳子乃不顧一切，自行發動，此蓋出於急功近名之一念耳。

今項城已矣，余追隨左右，時歷五載，一切經歷，如夢如幻，不堪回首，但今後之局勢，打倒了項城，理想的共和，未必便可實現，以後你搶我奪，將鬧成不可收拾之局，即再歷數十年，國勢亦未必便能安定，你將來自會看得到的啊！（以上為當年夏午詒與筆者一席談。）

筆者經歷紛亂之局，歷數十年，每每憶及這位「揚子雲」酒後之言，不知其在袁氏左右時，何以冒然勸進，糊塗萬分，而預料未來之事，又何以明瞭如此，真匪夷所思矣。如今的人，在權要左右，靠攏多年，荷包裡總有幾文，而此公則一錢莫名，無以為生，後經有古董癖之哈同義子姬覺彌，迎往上海，供其住食，始得終其殘年。若夫號稱甲類揚雄之楊度，則晚年在上海不獨作聞人杜月笙張嘯林的老師，且一變而為共黨領袖，高升為國際共黨東方局長，縱橫家之不甘寂寞，至於如此！比之老書生夏午詒，靜燥不同，有天壤之別矣。

北洋軍閥外史

段老虎無容人之量
靳瞎子頗自視不凡

袁世凱乘清室紀綱不振，革潮洶湧之際，要做雙料的曹操、司馬懿，一面推倒滿清，一面打倒革黨，在民國三四年間，大有志得意滿之慨。他所倚為長城的三位大將，王士珍、段祺瑞、馮國璋三人，在當時有「北洋三傑」──龍、虎、狗之稱。

王士珍稍有詩書涵養，爭權奪利，不十分積極，故稱之為龍；段祺瑞一意爭權，對於財帛之搶奪，適可而止，故稱之為虎；馮國璋則爭權而又貪利，故稱之為狗。此當時之衆論也，實則此三人者，皆所謂狗而已矣，何龍虎之有！

袁氏死去以後，留下這批尾巴，釀成軍閥互鬥，兵連禍結者十餘年，所謂三傑者，變成了殃民禍國之三禍。三人中，除了王士珍未有顯然禍國劣跡外，其為禍最烈者，尤以段老虎為最。

段氏之為人，剛愎性成，爭權之念，過於激烈，而其才具學識，又絕無容納各派，收拾時局之魄力，爭權剛愎之結果，徒以激起他派之反動而已。王士珍胸襟較為宏大，假令王士珍居了後來段祺瑞的地位，或能緩和各方衝突，減少幾次兵爭，亦在意中。乃老袁在世時，認革命軍為豺虎，意若曰：對付豺虎，必須以豺虎出馬，是以捨王士珍而不用，假馮、段以兵權，遂釀成後來互鬥之局，而貽禍無窮。

段祺瑞所倚任之大將有二：一為靳雲鵬；一為徐樹錚。靳雲鵬之雙目，一大一小，故時人以靳瞎子稱之。靳瞎子為山東人，雖學識有限，但為一山東大漢，其性格尚非極端狹隘一流，能寫一筆劉石菴體之楷書，又能高哼幾句《出昭關》一類之京二簧，自視頗不平凡，由段氏一手提拔，早已獨當方面，作了一任山東督軍，故靳瞎子雖為老段所倚任，但一向未嘗參預老段之帷幄運籌，老段之一切激烈行動，靳瞎子頗少預聞。靳所倚任之智囊，則為張志潭，張為清末名翰林號稱清流黨張佩綸之孫，亦即張之洞之姪孫，因家世書香，奮式寫作，頗稱能手，其人四平八穩，無縱橫之氣，故靳氏之軍政生活，亦少冒險鏡頭，北洋軍閥垮臺以後，靳瞎子隱居天津租界，除高哼幾句京腔老生戲外，一無作為。迨日軍佔領華北，段系王揖唐之流，不甘寂寞，貿然登傀儡之臺，終至身敗名裂，惟靳瞎子及張志潭，皆伏而不出，得保首領以歿，靳張在皖直互鬥時代，袖手旁觀，似乎庸碌無能，不知其庸碌無能之處，乃正其高人一籌之處也。

婢學夫人，畫虎不成反類犬
主張共和，通電能值幾文錢

歐美各國之政黨對立，純為政見異同之爭，而非私人權利之爭。中國今日之黨派，與歐美政黨相比，實際上相去萬里，然在形式上，都掛上了主義招牌，不可不謂之有了些微進步。在老袁當權時期，可以說是赤裸裸的私人權利競爭，然猶有一種統一天下的雄心，具有舊式政治的意味，到了「猿尾巴」時期的北閥鬥爭，簡直是一群狂犬亂鬨，那裡說得上人類行為呢！昔歐陽修撰《五代史》，嗚呼二字，時見書中，假令歐陽永叔今日寫《北閥鬥爭史》，不知更將發生何種感慨？

北閥的紛亂鬥爭，由於段祺瑞激動之影響居多，段氏之為人，權利之見，極其旺盛，甚麼叫做新式的政治主義？甚麼叫做舊式的信義禮讓？他皆滿不了解，所知者，只是每日下幾盤圍棋，與持槍搶奪而已。茲將段老虎之鬥爭經過，分述於左：

段老虎為老袁一手培植之人，其爭權意志，全然模仿老袁，而其規模手段，則又望塵莫及，是以老袁尚做成操、莽一流之舊式奸雄，而段老虎則適成其為畫虎不成之犬類而已。老段之爭權，先從老袁著手，老袁自總督北洋時，即寄老段以心腹之任，所有中下級幹部之訓練，皆委諸段氏，故老段在北洋軍隊中，早已養成段系之潛勢力，當辛亥革命之際，老袁東山再起，先派馮國璋繼蔭昌之任，率軍南征，駐軍漢陽，旋以南北聯絡告成，須由前線將官，發表通電，主張共和，逼迫清室退位，老袁以馮國璋曾督軍在前線作戰，若尤其出面主張共和，跡類反覆，有所不便，乃令老段繼馮之任。

老段到軍，即承袁意，發表主張共和通電，實則此等把戲，不過一種形式排場而已。由此老段便以手造共和自居，期為他日之繼任總統。老袁任總統後，用老段為陸軍部長，老段則用其心腹徐樹錚為次長，部務悉以委之，久之袁段之間，漸生隔閡，老袁於段氏，原倚為第一心腹，但見段氏所倚任之新進徐樹錚，凡事專斷專行，漸生猜忌之心，乃將委任將官之權，收歸已有，不論大小將官，均由總統親派，並設模範團，訓練將校，令陳光遠主其事，而以袁克定副之。老段對之，大為不滿，乃向老袁提出抗議，請以後將校之任用，團長以上，由總統任用，營長以下，則由軍部任用，即是由段氏任用之意。老袁為營混子出身，自然知道部隊實權，均握在營長之手，若營長以下，均歸段氏任用，豈不是要將「袁家軍」變為「段家軍」了。老袁不允其請，袁段之間，隔閡愈甚。一日，老袁忽語老段云：「我看你的氣色不佳，似有疾病，不如前往西山，休息休息為宜。」段氏心知其意，遂請長假，移住西山。段氏之為人，剛愎之中，性情異常狹隘，一有拂意，便難忍耐，只以當時老袁聲勢方盛，未敢遽作反抗打算，然咄咄書空，惟恐老袁垮臺之不速耳。

府院爭權釀成督軍獨立
大辮復辟促使老段建功

黎元洪有黎菩薩之稱，爭權意志，原不十分積極，但身邊若有大時加激刺，則亦由菩薩變成怒目金剛，不肯示弱。黎段之府院爭權，皆不是黎段之本身問題，完全是黎段左右之鬥法問題，黎的左右，信任一個同縣人金永炎，金為留日士官生。段的左右，則為跛扈著名之徐樹錚，他們兩個，一個狹主公槍桿之力，一個持主公元首之尊，雙方鬥法，互不相下，府院爭權，日形激烈。其實雙方所爭者，並非是為了福國利民之國策，而是為了一些枝節問題，雙方愈鬧愈兇，黎的左右，不度德、不量力，竟激動黎菩薩下令免老段之職，老段看了這個命令，怒氣沖天，立即馳往天津，作反黎計畫之布置。

黎菩薩下令免老段之職，原係一種兒童玩火之舉，識者早已料及必有激烈之反動，當時北方及長江一帶地盤，皆握於皖直軍閥之手，黎菩薩之總統，自他們眼中觀之。不過是一個象徵的木偶而已。黎菩薩今日可以免段老虎的職，明日又可免各省督軍的職，而以湖北佬代之，各省督軍自顧利害，人人有自危之心，經老段派人到各省一為激動，由是督軍團之組識，立即成立，所謂督軍團者，即是各省督軍宣告獨立，不承認黎菩薩為總統之謂。督軍發表宣言，反對黎菩薩，黎氏對之一籌莫展，惟有等待督軍團之處置耳。

當督軍團一致抗黎之際，有一位不識時務之張勳大辮子，帶了少數軍隊，闖入北京，表演一次滑稽插曲，事前絕不商量其他督軍，竟把小溥儀瞎捧登臺，在張大辮之意，以為各省督軍，正在反抗黎總統，當是厭棄共和，一旦故主登臺，必當服從恐後，我姓張的便可做一個光復清室之郭汾陽，豈非千載一時之建功機會。他全不留神尚有辛亥發表通電主張共和之段老虎，挾有重兵，立在身旁，這位張大辮可謂粗心極了，其結果，適足為段老虎造成東山再起之機會，而完成其所謂再造共和之美名。

張大辮由行伍出身，且係江西人，在北洋系中，不關於皖直兩系，不過一向反抗革軍，北洋系認為立於同一陣線之友軍而已。張大辮因談不上新舊學識，惟喜讀《朱子綱鑑》，沾染了幾許忠君信仰，自清室退位後，人人皆剪辮，獨張大辮一軍，不肯剪辮，一時有「辮子軍」之稱。張大辮攜帶少數辮軍，前往北京，與三五遺老，宣布溥儀復位，段老虎認為倒張並倒黎之機會，一齊到來，乃於小站起兵，向北京進發，邀請梁任公作聲討檄文，其名句有：「張勳擁溥儀復位，挾有董卓奸謀，行將起而代之耳」云云。此不過一種激刺之語，實則董卓雖不是東西，張大辮又那裡趕得上董卓呢！段老虎之討張軍，一到北京，未待交鋒，辮子軍即望風潰散，段老虎再造共和之功，不啻唾手而得，此舉為老段平生惟一恰心之作，亦三數老朽有以助成之也。

書獃伴老粗一場表演總統與皇帝同時垮臺

張大辮是一個甚麼都不了解的頑固老粗，而贊助復辟的幾位老朽，也是全不了解環境的書獃子，他們所表演的這幕滑稽劇，徒以助成段老虎完成當時所謂「再造」共和之呼聲而已。

老段之小站起兵，其目的有二：一為打倒張勳；二為驅逐黎菩薩。試思老黎下令免除段職。老段方組織督軍團，抵抗老黎，又豈肯甘心再擁黎登臺，再過幾天名譽總統之癮呢？世界上那裡有這樣的便宜事情？由是贊襄幃幄之名流政客，如梁任公之流，乃為之作成一種驅黎口實曰：「張勳擁護溥儀，復登皇位，變更國體，乃為既成事實，共和法統，業已中斷，此次起兵討平僭妄，乃為一種革命行動，應當另立共和法統，另立憲章，另舉總統，不能與辛亥革命，混為一談。」這樣一來，一個光桿兒的黎菩薩，不攻自倒，他的總統名義，與溥儀的皇位，同時取銷。這種一箭雙鵰的巧妙文章，當時運籌幃幄諸公，莫不自誇為得意之作。

民初南北議和之際，南軍以實力不敵，以總統讓與袁氏，孫中山、黃克強皆不肯為袁氏之副，所以推舉黎氏為副總統者，含有一種犧牲黎氏之意味，不意老袁死後，老黎居然正位總統，倘若黎氏了解環境，甘作木偶，不聽信左右擺佈，極積爭權，則督軍團不至發生，復辟戲劇，亦無由表演，樂得做幾年法國式之無權總統，亦未始非厚德載福之道。乃黎氏不甘雌伏，鬧得天翻地覆，實由庸人不安於庸，有以致之。到了直系打倒皖系以後，因要取消安福國會所選之總統，又以恢復民初法統為口實，將一個黎菩薩，從死灰中，扒將出來，再行搬上傀儡之臺，當時之黎菩薩，不知如何得意，未幾曹錕要準備爬上總統寶座，又令馮玉祥用槍桿之威，逼迫老黎下臺。綜計老黎之總統名義，時而被人利用，擁上傀儡之臺，時而被人廢棄，裝入木箱之內，取捨由人，不由自主，達於十數年之久，凡稍知自愛之人，亦必以任期早滿為理由，拒絕參加這種牛鬼蛇神之無聊表演，乃老黎竟甘之如飴，一呼即出，扒上扒下，全不憚煩，此等人物，只可謂木偶而已，菩薩云乎哉！

堅持參戰原來為了借外債
包辦選舉果然捧出老滑頭

如今的人知道「安福系」這個名詞的很多，然何以叫做安福系呢？此非久住北京的人，不能了解。因為北京的街巷，都叫胡同，內城有一個胡同，名叫安福胡同，段派打倒張勳並驅逐黎元洪後，他們另起爐竈，組織所謂第二屆國會，選舉傀儡總統，而其籌備進行之機構，設在安福胡同，世人因以安福系稱之。

安福系首領，自然為段老虎，其擔任籌備之人，則為王揖唐。王為合肥人，與段老虎為同邑，在前清曾中進士，旋留學日本，入士官學校，身軀高而且胖，練習騎馬，渡木橋，墜入深溝，受傷退學，因此未走上槍桿階級路線。以段老虎之提挈，民初曾任吉林省長，後為奉系所驅逐，其人素喜交際，各省人認識較多，故老段委以籌備國會之任，所謂安福系議員者，在形式上雖無黨的組織，然就各省指定若干人為候補議員，助其當選：（一）不要國民進步兩黨之人；（二）不要舊國會議員，換言之，即所謂欽派議員者也。

安福議會召集後，絕未討論甚麼政策國策，其惟一目標，在選舉一個象徵的形式總統而已，結果，選出早已預備好的老官僚精徐世昌為總統，徐一向是見風使舵，絕不與有勢力者相摩擦，從此段老虎便可自由自在，放心做他的剛愎總理，而不致再有人從旁掣肘，惹起府院之爭。

第一次大戰，純為歐洲問題，與中國利害，可謂風馬牛不相及，中國可謂絕無參加作戰之理由，在實際上言之，中國雖對德宣戰，不能以一兵一槍，協助戰事，只可謂名譽的參戰而已，當時段老虎之堅持參戰者，非對付德國也。無非欲以參戰為口實，向英法諸國，借點外債，擴充軍隊，以擴張一己勢力耳。幸而後來德國失敗，中國僥倖未受賠款割地之禍，倘若德國獲勝，則最少限度，山東一帶之土地，非變更地圖顏色不可矣。後來第二次大戰，實因日本併吞東北，復進佔華北，我國逼得無路可走，只有抗戰之一途，兩次大戰之形勢，絕對不同，未可相提並論也。

段合肥拒絕赴上海
程頌雲失意走天津

當段老虎創設安福國會之際，西南護法派，則在廣州設立護法政府，以示反對，推舉岑春煊為總裁，華北政府則派吳佩孚，率軍前駐衡州，以資抵禦。久之南方內部，發生間隙，蓋是時南軍勢力，以陸榮廷領導之桂系為最大，陸榮廷所倚任者，為部將馬濟及莫榮新，莫任廣東督軍，而馬濟則駐軍湘桂之間，聲勢赫赫，不可向邇。革命派軍人李烈鈞、程潛之流，受桂系壓迫，一籌莫展。乃囑章陶年、陸詠儀二人北來接洽。

是時章士釗方任岑春煊之秘書長，陶年為其兄弟，陸詠儀則與程潛為舊交，故二人北來活動，余為之介紹於段氏心腹曾毓雋。段氏左右，幾經討論，認為不妨一試，乃囑余偕同章陸二人，前往廣州，作進一步之接洽。余到廣州後，與李程等幾經商洽，乃商定由岑春煊與老段，親到上海，特開和會，解決時局之方案，並派耿毅等三人，隨余北來，與段系心腹，開始商討。段派心腹，商討結果，以為一切條件，均可商量，惟岑春煊與段老總，在上海直接談判和議一節，礙難同意。因上海份子複雜，容易發生意外事件，段老總無法親自出馬，不能不請護法諸公，加以原諒。

耿毅等在北京活動連月，結果失望而去。老段與南方和議，遂無法進行。是時吳佩孚與桂系聯絡已成，準備返戈倒段，而段氏左右，昏然罔覺，因以造成直皖之戰，使吳佩孚大顯身手，既藉觀廣武戰場，嘆曰：「時無英雄，遂使豎子成名。」此語確有見解，非酒徒狂語也。因為項羽剛愎無謀，故劉季乃得倖而獲勝耳。

吾觀自清末至民國數十年間，彼起此落之混亂戰爭，勝負之數，皆由敗方一無謀略，恃勢而驕所致，非勝者有何真實本領也。再可附記者，是時程潛以少數軍隊，阨於湘桂之間，處境最為困難，陸詠儀見和議無望，乃要求段派，准程潛軍隊退入湖南境內，以避桂軍之壓迫，陸詠儀並要求取道湖南，前赴程潛駐軍之所。段派許可，並令曹錕電令吳佩孚加以保護，段派絕不知直系已與桂軍取得聯絡也。陸詠儀行抵湘桂之間，吳佩孚早已告馬濟，執槍以待，陸至，則執而殺之，並加程潛以通段罪名，解散其軍隊，只得輾轉前來天津居住。陸詠儀為黃克強舊友，在北京辦報多年，竟遭此意外慘局！

程潛北來後，段派因其為聯絡本系而遭失敗，特給以現款十萬元，以慰其心，並對陸詠儀家屬撫卹二萬元，此等地方，可見剛愎自用之段老虎，對待共事遭難之人，尚非刻薄一流可比。

吳子玉故都顯身手
段芝泉私邸作楚囚

北洋系的直隸軍人，以王士珍、馮國璋資格為最老，說到直系軍閥首領，原應推王馮二人，但王士珍自民初以來，即未統率軍隊，馮國璋在民初帶兵，並作南京督軍，而且轄步隊無多；曹錕在民初，不過一師長之職，其奉袁令，在北京演假兵變，藉以抵制南方要求老袁赴寧宣誓之舉者，即為曹錕，其資格與號稱「北洋三傑」之王、段、馮三人，相去甚遠，後來竟成為直系領袖，居然敢與段老虎，一決劉項之雌雄者，實緣部下用了一位關岳自命之吳佩孚，乃得作此曇花一現之賄選總統耳。

曹錕之為人，極端庸碌，其所最為信任者，乃是一個澡堂槌腿出身之李彥青。曹錕在澡堂中，賞識了這個李小子，用為副官，漸次高升，任為副官長、軍需長，凡曹錕之一舉一動，莫不惟李彥青之言是聽。曹錕做了賄選總統以後，李彥青之聲勢，尤為不可向邇。古來昏君庸主，有所佞倖之臣，彥青之於曹錕，足以當佞倖二字而無愧。後來倒戈馮玉祥將軍，攻入北京，將李彥青作為開刀之第一個，實則李彥青並沒有何禍國殃民之行動，馮玉祥之殺之者，不過以社會上對於此人，以其出身微賤，而曹錕又寵任太過，頗多詆譭之詞，故馮玉祥特殺之以取譽於社會耳。

以人格而論，由翰林或大學出身之人，諂事長官，以求利達，而人格與「李槌腿」相等者，何可勝數！又安可盡殺之耶？曹錕用人一切，昏聵如此，居然打倒段老虎，爭得總統寶座，快意一時者，純為吳佩孚一人所演之獨腳戲。

吳佩孚平日自命關岳，口口聲聲，誓當鞠躬盡瘁，以報曹主公知遇之恩，然亦不過門面語耳。實則這個村秀才，原挾有非常野心，他以為自己要出人頭地，必須先將所隸之長官，捧上最高峰頂，而後水漲船高，自己地位，亦隨之向上，終當爬上元首寶座耳。當時段系軍隊，分駐平津一帶，直系軍隊，則分駐於京漢路一帶，曹錕坐鎮保定，吳佩孚駐兵衡州，會有政客某向吳佩孚進聯桂倒段之說者，以為今日與曹主公爭天下者，乃段老虎，非桂軍也。段雖擁徐世昌為名義總統，譬如曹操之於漢獻帝，實權全握於老段，今直系軍隊，與彼相當，劉項不兩立，若不先行動手，必為老虎所併吞矣。吳佩孚聞之，心為大動，乃一面聯絡桂系，一面準備倒戈，段系睡在鼓中，全然下知也。

吳佩孚準備既就，潛師北返，突然進攻段軍，首將段芝貴所部擊潰，由是段軍瓦解，旬日之間，曹軍佔領北京，段老虎被困於私宅，未得逃去，那個時候的軍閥，雖互相攻擊，但尚講點小面子，對於戰敗之段老虎，並未加以過分侮辱，數月以後，老段預備逃往天津，恐曹部注意，加以扣留，乃故意單獨一人，往遊法源寺，拜訪新聞記者劉少少，閒談而去。朋好聞之，極為詫異，以段老虎向來只認識槍桿，今忽然拜訪報人，豈失敗之後，突然進步，故採禮賢下士之作風耶？後乃知老段此舉，因預備逃往天津，特作試探，以察驗曹部對其行動，是否注意耳。一個剛愎自用之段老虎，亦肯出人胯下，逃出虎口，留得這條老命，以為捲土重來之計，老虎畢竟不同凡響，可發一笑！

曹家軍攻入北京後，隨將段家軍所擁登臺之木偶總統，聲明作廢，徐世昌只得閉口無言，滾下臺來，徐氏自前清時代，作總督、作軍機大臣、作大學士，辛亥以後，又屈節作老袁的國務卿，旋又為老段捧上木偶臺，討一個沒趣下臺，可謂熱中之極，亦可謂無恥之尤，稱之為五朝長樂老，庶乎恰當。

吳關岳大玩把戲野心勃勃
黎菩薩慣作傀儡得意洋洋

曹錕在北洋軍閥中，不過二等角色，以資格而言，原不能與所謂龍虎狗三傑並駕齊驅，且其人庸碌無能，到了萬分，即以應付才略而論，亦不能與龍虎狗三傑相提並論，只以用了一位膽大心粗關岳自命的吳佩孚，為心腹大將，居然打倒強橫一時的段老虎，取得直系領袖地位，不可不謂之庸人有庸福矣。

吳佩孚之倒段，並非有何政見之差異也，不過懷秦失其鹿捷足先得之野心，先將曹主公捧上最高臺上，將來之繼承人，自然天與人歸，曹吳之得意洋洋，可以想見。但曹吳輩只知提了槍桿，拼個勝負，至用如何方式，方可由議會選為總統，事先全未思考及之。

有政客孫某，獻策於曹吳曰：「今段系已被打倒矣，但尚有段系所組織之安福系國會，及所選之總統徐世昌存在，將何以處置之？公等起兵倒段者，無非欲抬曹主公坐上頭把交椅耳，今不取消安福系國會，及其所選之總統，則曹主公又有何法登臺耶？但取消徐世昌總統名義，則非先擁護黎元洪回復總統名義，以為過渡節目不可，今莫如宣稱安福國會為違法國會，其所舉總統，亦為違法產生，應一併取消，而以恢復民元國會相號召，則南北向風，全國統一之局，可望告成矣。」

曹吳聞孫某之言，極以為然，但尚有所顧慮者，以擁黎復位，有鑒於黎段府院之爭，恐其故態復萌，為之奈何？孫某曰：「黎菩薩手無寸鐵，何足畏耶？」但曹吳仍多所顯慮，且以為我們作戰倒段，無非欲為曹主公爭取總統地位耳，今乃擁護一素無關係之黎菩薩，再行登臺，豈非十萬大軍之冒險行動，白白為老黎效力耶？且回復民初議會，議員中以革黨居多數，他們又安肯投票選舉曹主公耶？孫某復曰：「此種顧慮，極易解決，對付黎菩薩，只須藉一小故，由軍人一聲呼喝，便逃走不暇。至於議會中人，經過多年磨折，銳氣低降萬分，只須脅之以威，動之以利，無不俯首聽命矣。」

曹吳聞之，疑慮盡釋，乃宣布恢復民元國會，擁黎復位。這位黎菩薩，自民元迄於直皖爭鬥，已歷總統之頭銜，玩把戲的人，用得著時，便將他掛在戲臺當中，用不著時，便將他放在木箱之內，此番重登木偶戲臺，已經是第三次之表演了。他仍然是高高興興，由天津跑到北京，大演其黃袍加身之滑稽劇。自明眼人觀之，取捨由人，任人擺佈，如此環境，亦貿然再出，可謂不知自愛之至矣！總統云乎哉，菩薩云乎哉！

十年一覺黃袍夢
贏得登場傀儡名

直系軍閥之擁黎登臺，無非要藉此打倒徐世昌，以為擁曹錕上臺之一種手法。而老黎睡在鼓中，全然不知也。老黎有鑒於上次與段老虎爭權之激烈，激起督軍團之反動，此次登臺以後，對於直系一切讓步，不再爭執，甘心做一個泥菩薩，滿以為安份守己，可以永保天位矣。豈知擁他登臺之那位假曹操，急於要過總統癮，大有迫不及待之勢，到了次年（民十二年）便聯絡倒弋將軍馮玉祥，派遣部下，向黎菩薩示威，大演其逼宮戲劇，非驅逐其滾蛋不止，黎菩薩只得抱頭鼠竄，逃往天津老巢，總統迷夢，從此覺醒了。

當時余在報章，曾戲改杜牧之詩，以送其行，詩云：「十年一覺黃袍夢，贏得登場傀儡名」。回想當年情景，可發一嘆，亦可發一笑。

黎菩薩下臺了，這個總統寶座，自然非新打勝仗之直系領袖曹錕莫屬，於是，直系官僚吳毓麟等，便向國會議員，開始活動，謀選曹錕為總統。當時議會內容，與民初情形，大有不同。民元議會，國民進步兩黨對立，兩黨議員均為三十至四十之少壯派，壁壘鮮明，銳不可當。今經過十餘年，議會屢被解散，滿受磨折，當年銳氣，早已煙銷雲散，最好笑的，議員自民初選出，至此已經過十二年，各議員尚掛著議員頭銜，大有以終身議員自居之意味。老黎之總統頭銜，亦復如是，若非被人推倒，皆有死而後已之神氣。是以無論為國民黨籍或進步黨籍，兩派議員，均犯有頹唐渙散精神不振之同一毛病，對於曹錕之謀為總統，或贊或否，已不能以黨的立場，有所表現，純聽各議員之意志，自行決定。

當時議員中，有兩種意見，其第一類，為反對派，其所持理由，以為黎氏為合法總統，今被軍人逼迫下臺，若再選軍人為總統，則無異助長軍人竊據高位之惡習，國家前途，不堪設想，吾輩身負重責，決不可隨意投票，自陷罪戾。其第二類，則為贊助派，其所持理由，則以為根據現在事實，非軍人當政，不能維持秩序，總統名位，不可虛懸，卑之無甚高論，只有將就選舉，漸漸引上法治軌道之一途。此兩種意見，並非某一黨之意見，兩黨議員，均抱有同一之見解。

議員戀棧欲終身連任總統選舉生無數波折

依照民元憲法規定，議員任期，與總統任期，均為四年，期滿，均應改選。到直系打倒段系，取消安福國會，已經過十二年之久，依憲法而言，無論執行職務時期之久暫，議員與總統，均已超過三任期限，一旦恢復法統，只有由全民再選議員，再選總統之一途。乃掛有總統及議員頭銜者，皆戀棧不去，而擁護之者，亦只知擁護其人，而於憲法之合與不合，概無所知！

當時全國輿論，亦無有起而糾正之者，知識幼稚，亦何可笑！最可異者，當時代表民意之議員先生，號稱優秀份子，亦只知顧全私人地位，法理不法理，概非所顧，如比議員，又安足以代表民意，中國共和基礎之不能穩定，固為袁世凱及北洋軍閥亂七八糟，有以釀成之，而代表民意之議員們，亦不得辭其咎責。當時曹錕輩之心意中，以為民元國會，早已墜入萬丈深淵，今得死灰復燃者，皆我曹某一手栽培之力，你們議員們，尚不感我再生之德，選我登上最高寶座，世間無此情理，況我系打倒皖系，聲威赫赫，惟我獨尊，你們要不選我曹某，我看你們又將選誰呢，你們滿口高調，無非為討價還價地步，你們要做官麼？容易容易，你們要錢花麼？更容易容易。

而在議員中自命不凡之份子，當時抱拒曹之念者，其內心可分為四種：（一）以曹錕名望太低，若一致選曹，則有損本人在社會上之清望；（二）以曹錕挾槍桿為後盾，謀選總統，我們若畏勢服從，不啻揚雄之美新，將貽笑世界；（三）南派議員，素具有黨派成見，今本黨雖競選無人，亦不欲投票選舉異黨之人；（四）段奉兩系，自被直系打倒，心懷仇恨，對於曹錕之謀為總統，反對甚力。

有此四種反響，自以為天與人歸之曹家總統選舉，乃發生無數波折，由是國民黨議員焦易堂、彭養光，進步黨議員林長民、湯漪等招集同調議員集合於天津英租界黎元洪私宅，號召議員南行，在上海開會，屬於段系之浙督盧永祥、奉督張作霖，均通電為之聲援。由是國民黨議員，紛紛南下，奉系議員，則由議員劉哲率領，集體返回東北，留在北京之舊議員，在實際上已不足全額之半數矣。

曹銳、李彥青炙手可熱
馬驤、吳毓麟出色當行

曹錕之為人，雖極端庸碌，然其性格，頗為寬和，有似黎菩薩。且當時尚有奉段兩系，窮伺於旁，一一舉動，自不敢過於暴戾，以故對於議會，亦不敢施用壓力。但這位先生虛名心切，與段老虎之一意爭權者，有所不同，對於總統王冠，必欲戴諸頭上以為殊榮。

曹氏之左右，皆為照例治文書之輩，無一運籌幃幄之才，所最親信者，為一浴室修腳匠出身之李彥青，此人後為馮玉祥宣布罪狀，殺之於北京。曹氏為人之識暗才庸，即此一端，可以想見一斑。為曹氏計畫進取大計者，除心腹大將吳佩孚外，尚有胞弟曹銳，此公亦無何種才略，曹錕自戰勝皖奉兩系後，駐軍保定，建築所謂「光園」者，安息其中，有如古代君主之離宮別館，而以乃弟曹銳任河北省長，主持政務，一若滿清末年之倚重親貴者然，蓋此輩久在北洋，對於親貴作風，耳濡目染，已成心習，一旦得勢，以為已是曹家天下，用人惟私，那裡知道甚麼政治，甚麼人才呢？

到了欲戴總統王冠的時候，為之奔走接洽者，有二人焉：一為直系官僚吳毓麟，一為眾議院議員馬驤。吳毓麟仗曹氏之力，任交通部長，馬驤以同鄉關係，素出入曹氏之門，方任眾議院議員。因曹錕輩與議會中人，素少往來，今須與議員接洽，務求當選總統，馬驤遂為當行出色人物，所謂賄選總統之買賣商洽，全由吳毓麟、馬驤二人擔負全負，蓋以吳主持賄選財務，而馬則負接洽之任也。

選票有價「五千塊」成交
議長變節「袁大頭」作祟

談到賄選總統一舉，在當時曹錕心意中言之，實為出於無可如何之事，因曹氏自以為我既打倒段系，統一北方，一頂總統王冠，當仁不讓，而議會中人，素無款洽，欲其一致投票，自難辦到，昔日袁氏採用脅迫選舉，為舉世所痛罵，今不便蹈其覆轍，迫不得已，只有利誘之一法。

由是預備數百萬大銀元，每位議員，贈送六千元，一旦普遍接洽，即無異成為公開交易，其中稍知自愛之議員，卻不願沾此污點，而最緊張之一幕，尤莫如議員邵瑞彭，先受其五千元之賄絡，竟將此項支票照相發表，以為攻擊賄選之確實證據，實則邵氏早已與奉系楊宇霆有所聯絡，故特放此大炮，而奉系所給與之報酬，超過五千元者數倍，此種花樣，又豈局外人所能了解耶？

當時在眾議院議長者，為吳景濂氏，吳為一長頭高漢，一時有吳大頭之稱，吳為東北人，且隸國民黨籍，最初原反對選曹，乃到了將臨選舉之際，吳大頭突變態度，贊成選曹，一經馬驥在議會提議，主張速選總統，以安定時局，反對派議員聞之，有退席者，不料吳議長公然下令門衛，禁止議員出門，當時議員在場者，已不足法定人數，直系官僚早已預備數十人，配帶議員徽章，混入國會，冒充議員，列入議席，馬馬虎虎，湊足人數，曹錕便在如此這般情況下，當選為大總統，賄選一幕，總算演完。傳者謂吳大頭之突變態度，實為「袁大頭」所驅使，而情難卻之，因議長地位重要，其所獲謝禮，實二十倍於普通議員，此說當不為無因也。

梁財神入相招大忌
吳秀才驅鱷演奇文

袁世凱當權時期，所注意者只有二事：一為軍隊如何調遣；一為軍餉如何供應。除此二事外，甚麼叫做政綱政策，甚麼叫做經濟財政，他的腦筋裡面，可謂全然沒有那回事情。

關於軍事調遣，袁氏所倚任者，分為小站系與雜牌軍二系，所謂小站系者，乃袁氏在小站練兵時，所任用之將官，如王士珍、段祺瑞、馮國璋、曹錕一流是；所謂雜牌軍者，即是未曾受過軍事教育之高級將領，如張勳、倪嗣沖、段芝貴輩是。

為之籌劃軍餉者，亦分二系：一為皖系；即周學熙輩是。周學熙所管者，為財政部稅收，及中國銀行發行鈔票。一為粵系；即所謂交通系，而以梁士詒為之領袖，實則兩系所掌之財政，雖均以軍用為第一，但交通系之政策，較有系統與規劃，惟終梁財神之身，多半為人作嫁，未曾出掌政權，最後雖出任國務總理一次，但時間甚暫，故未能暢行其志。梁氏為舊翰林出身，以整理中國交通財政金融為己任，其為人，頗富幹勁，在清末投入北洋總督袁氏幕府，喜言新式之籌餉說，藉袁氏之力，得任清廷郵傳部（即交通部）之鐵路局長，適當時掌部者，為舊官僚陳璧、徐世昌輩，不甚過問部內之事，故梁氏得在鐵路上，大展抱負，為了發展交通事業，創設交通銀行與中國銀行並駕齊驅，同時發行鈔票，代理國庫，中交兩行，一時並稱，聲勢之大，可以想見。袁項城執國柄時，梁氏又建議於老袁，謂英國官辦銀行，皆係官商合辦，交通銀行，宜採用英國制度，改為官商合辦，袁氏除注意槍桿兒，只要有錢用外，甚麼制度不制度，滿不在乎，便點頭答曰：「好，好，好！」於是，交通銀行總裁，改為商選制，梁氏亦儼然當時所謂「交通系」之領袖人物矣。

梁氏自袁氏當權逮於段老虎柄政，十餘年間，若隱若現，保持「財神」地位，無所動搖，在北洋官僚中，可稱惟一能手。梁氏住舊京甘石橋一所大宅，原為李鴻章故第，每晚「座上客常滿，樽中酒不空」，禮賢好客，人稱盛事。

自吳佩孚聯同奉系後，打倒段系後，氣焰之高，不可一世。實則以實力論，奉系亦不可侮。梁財神因張作霖、曹錕之擁載，出任國務總理。時孫丹林、白堅亞為吳佩孚謀主，以直奉終難免一決雌雄，中央政權，不宜落於非直系之手，乃獻議於吳佩孚，謂軍隊以餉糈為生命，今我派已打倒皖系，而軍餉來源，仍操於異派之手，實為異常危險之事，今宜乘機驅逐梁氏及其徒黨，而代以本系之人，庶乎餉源有著，乃萬全之策也。吳佩孚聞之，自然採用其策，立命幕僚草擬通電，驅逐梁財神，此項通電，全然模倣韓退之驅鱷魚文，首敘梁氏多年把持財政之罪狀，末尾則稱「其率醜類，竄逃大海，一日不逃，限三日，三日不逃，限七日，七日不逃，即當振旅入京，滅盡醜類」云云。

梁財神看到此項檄文，只得避往天津租界，以避其鋒，梁氏之財神地位，從此遂告一段落。驅梁以後，吳佩孚另擁外交系人物組內閣，即以高恩洪任交通總長，未幾曹錕復以直系舊官僚吳毓麟繼高恩洪之後任，以為進行賄選總統之預備。從此北洋財政之一塌糊塗，愈不堪聞問矣。論者謂梁士詒為晚清科舉出身之人，生平處世對人，不惟豪氣如虹，而且愛才若渴，倘在當時能看透紛亂之局，早作豹隱，效范蠡之泛舟五湖，又何至垂暮之年，遭受弄槍桿者之排擠耶！

直系據中原隱患四伏
賄選傳史冊遺穢千秋

直系打倒段奉兩系後，危機四伏，而自曹吳視之，則以為四海業已統一，天下從此太平，正如賈誼所謂：臥於厝火積薪之上，而謂天下已治已安者也！當時割據形勢，可分兩廣、川滇、長江、浙江、西北、山西、河北、東北等八個區域，試一述曹吳心目中之想法與看法。

兩廣當時為陸榮廷所據，稱之曰桂系，陸榮廷自據桂林老巢，運用一切者，則為其心腹馬濟，其部將莫榮新則據廣州，當時之革命派，雖以廣州為根據，然軍事力量，業已完全消滅。吳佩孚之返戈倒段，實與桂派有密切聯絡，故曹吳認為一向與北派為難之兩廣，業已俯首就範，再無南顧之憂。

當時四川軍閥方在內部鬥爭之際，有如土司時代之互相吞併，自無問鼎中原之可能。吳佩孚虎步洛陽時，亦嘗遣人與川系將領有所聯絡，信使往來，已非一日。至於滇系僻處邊陲，更無從干與中原之事。

長江下游，為齊燮元所據，齊燮元原屬直系，自不至與曹吳為難。惟盤據浙江之盧永祥，原屬段系，但僻處浙東，兵力有限，無由發難，且當老段失敗下臺之際，盧永祥曾派人與曹吳聯絡，表示傾心嚮曹，俯首聽命，曹吳對之，不以為意。

西北軍馮玉祥，是時尚未取得「倒戈將軍」之雅號，只以「基督將軍」著稱於時，此公當陰謀未發動之前，對人異常恭順，拉攏手段，亦復可觀，司馬懿立在面前，曹家父子，一無感覺。

曹吳所認為惟一之敵人，只有段老虎及張作霖二人，而段老虎已敗得片甲不留，全部爪牙，盡被剝削，剩了一個假老虎頭，匿居天津租界，有何用處。只有奉系張作霖尚擁有相當兵力，且在日本勢力掩護之下，關內軍隊，不敢出關討伐，對之不無顧慮，但已被驅出關外，隔絕關內關外之第一險要山海關，已扼於直軍之手，奉軍無法進入關內，故亦視之不足為慮。

以上所述，為當時曹吳心目中之國內大勢，認為各省區懷德畏威，無敢與直系作敵者，今藉回復法統之名，以迎合革新派之意，一頂總統王冠，除我曹某外，再有何人，敢於接受？因是放手進行，準備當選，至於花幾文選舉運動費，此亦法美各國選舉運動所習見之事，甚麼賄選不賄選，乃反對派所加之侮辱名詞，對於我曹家總統，可謂無損絲毫，選舉形式完成，竟得如願以償，一個二三等槍桿人物，居然大過其總統之癮，洋洋得意，可想而知。

草澤英雄拉攏陰謀份子
長腿將軍統率白俄兒郎

奉張自被吳佩孚驅逐，逃出關外，一代草澤英雄，竟為一個山東村秀才所擊敗，自然心不甘服，食不某味，寢不安蓆，立志沼吳，以雪會稽之恥。由是招兵買馬，積草屯糧，以圖一逞。奉張之反攻計畫，分作三方面布置：

（甲）為本部軍隊之擴充：奉天擁有全國第一之大兵工廠，雖所造軍器，極端陳舊，而自製數量上言，無論上海之兵工廠，漢陽之槍炮廠，皆遠在其下。奉張既志切報曹，由是瀋陽兵工廠，日夜製造，不遺餘力。

所用本系大將，一為正統軍姜登選，而以少帥張學良副之；二為總參謀楊宇霆；三為統軍李景林；四為統軍郭松齡；五為統軍萬福麟。這五位先生，為奉張所認為本系之心腹大將，準備奪取中原，圖像麟麒閣裡之非常人物。

（乙）草澤群雄這招致：世人皆知奉張與張宗昌，皆為起家草澤人物，而不知其派系各有不同，蓋東北紅鬍子，原分三派：（一）為南滿派；（二）為北滿派；（三）為西伯利亞派。南滿派為大股，充頭目者，皆為略有資產，能購置槍械之野心家，雖橫行一隅，頗有梁山泊之作風。奉張起於南滿派，後受清末將軍招撫，化鬍軍為官軍，雖其平日行動，不能盡革鬍子作風，然主宰遼東十餘年，與當時一班軍閥相比較，亦未見有何遜色，卒至為日人炸斃於皇姑屯，以身殉國，足以當草澤英雄而無愧。北滿派鬍子，十數成群，鼠竊狗偷，行動野蠻，在大群鬍子中，亦以壞類視之。西伯利亞派，皆為鑛工所組織，因立足於俄境，故皆略習俄語。張宗昌起家西伯利亞派，在馮國璋作兩江督軍及段祺瑞主政時期，早已歸命官軍，充任師旅長之職，後以與奉張同為草澤好漢，氣味相投，故與奉張取得聯絡，奉軍被曹吳擊倒，張宗昌亦隨奉軍出關，當奉軍擴充軍備密圖報曹之際，張宗昌亦將所部大加擴充。適有白俄反共軍首領謝米諾夫，為蘇聯軍所擊敗，不能在俄境立足，率其殘部，逃至黑龍江邊境，張宗昌久在俄境，略通俄語，因與聯絡，謝米諾夫遂飭其部下，隸於張宗昌部，聽其指揮。由是張宗昌部遂有白俄軍參加，是時北洋軍隊，軍器異常陳舊，獨張部所轄之白俄軍，編有坦克軍隊，當時莫不以珍奇視之。假令奉張無報曹之意，亦不能任令張長腿久駐東北也（張宗昌為一山東大漢，一時有長腿將軍之稱。）

（丙）「倒戈將軍」之拉攏：奉張欲進兵關內，若單單一面進攻，則無論山海關，號稱天險，難於飛越，即令得入關內，而吳佩孚之第三師，聲威欠著，加以馮軍之協力，戰事有何把握，而關內將軍，可以倒戈之說動之者，只有馮玉祥一人。一則馮玉祥非曹錕舊部；二則馮玉祥為安徽人，與段老虎為同鄉；三則馮玉祥野心勃勃，易動以利。由是派遣密使，與馮玉祥不斷聯絡，段老虎方困處天津租界，亦派心腹多方遊說，馮玉祥原為一極端不滿現狀之人，彼見吳佩孚恃勝而驕，早已心懷不滿，今日張曹對壘，正我馮某因利乘便之無上機會，遂暗通聲氣，裡應外合，收拾曹吳，倒戈陰謀，遂以決定。奉張得此保障，舉兵之心，益加迫切矣。

張作霖舉兵討曹
馮玉祥倒戈奏凱

奉系討曹軍事布置完成後，遂對曹吳聲罪致討，所部軍隊，分兩路出發：以進攻山海關為第一路；以進攻冷口為第二路。第一路主將為李景林及姜登選等；第二路主將則為張宗昌等。吳佩孚聞之，毫不驚慌，以為鬍子軍敢抗王師，直是自來送死耳，我原欲掃蕩東北，肅清鬍匪，只以彼等在日人掩護之下，故未便出兵關外，今乃冒然向關內進侵，此正我吳某大顯身手之無上機會也。遂統率十萬大軍，自當山海關之正面，而以馮玉祥統率五萬大軍，進駐熱河，以防禦由冷口進攻之敵，至於雌雄決戰，預料當在山海關外錦州一帶，吳佩孚所採戰略，擬以全力扼守山海關，俟鬍子軍，兵疲力竭，乃乘勢出擊，是時勦滅鬍匪，有如探囊取物耳。

馮玉祥率軍前往熱河，在中途進行甚緩，惟以全力填平道路，以便利運輸之迅速，曹吳對之，不以為意，豈知其填平道路之用意，正是預作倒戈之準備，期於一日一夜之間，得以迅至北京耳。曹吳睡在鼓中，懵然罔覺也。

奉軍兩路，停頓山海關及冷口外圍，進攻並不積極，吳關岳以為奉軍之觀望不前，特畏我吳馮兩軍之同力合作，而憚其聲威耳。停頓月餘之後，尚無激烈戰事發生，吳關岳方擬出兵關外，相機進攻，忽然夜間接得北京警報，馮玉祥已經統率大軍，突返北京，將曹主公加以監禁，同時得報，張宗昌隊伍已由冷口蜂擁而進，而山海關外之奉軍，亦轉守為攻，異常激烈，倒戈之馮軍，自佔領北京後，復派遣大軍，向山海關出發，以截斷吳軍歸路，由是吳軍手忙腳亂，陷於前後受攻之苦境，不旬日間，十萬大軍，全體潰散。昔日虎步洛陽，橫行一時之吳關岳，只得化裝潛逃，奔出重圍。但吳關岳一向有不投降，不走外國，不入租界之誓言，今雖兵敗，仍須保持三不主義，不肯違犯。乃七灣八曲，居然遠避蜀中，一世英名，遂告結束。

平心而論，吳佩孚之為人，不貪財，不反覆，比之普通軍閥，差勝一籌，但學識淺薄，有勇無謀，起家軍閥群中，使槍使劍，早成心習，以為有了幾桿破槍，便不難效法劉季，三尺劍以取天下，豈知人心已變，你要出頭，他人更要出頭，卒至兵敗潛逃，終於為日本人以藥針毒斃於北平，村秀才高談關岳，一意進取，誠有以自取之也。

總統幽囚可憐嬖臣歸地府
廢帝放逐劫得古董運外洋

當馮玉祥表演倒戈一幕之際，余方在北京從事新聞事業，那個時候，並無如今日發表官方新聞之特設機構，一切消息，均須報社自行採訪。自奉軍聲言討曹，報社只知吳佩孚、馮玉祥兩軍，與奉軍相持於山海關和冷口兩個關隘之中，並未實行交鋒，方苦消息沉悶，無以報告讀者，某日早晨，余方高臥未起，家人忽來告曰：「怪事，怪事！快起來，快起來！」余曰：「何事驚慌？」家人曰：「城內城外，布滿了手執大刀身穿青黑衣裝之軍士，豈非怪事麼？」余驚起曰：「此馮玉祥軍隊也，胡為乎來哉？」余素知馮軍著青黑軍裝，且編有大刀隊，以表示其軍容之壯盛。

余披衣而起……向街頭探視，滿佈街頭者，果然全是馮軍。余思馮軍不是前往冷口抵禦奉軍麼，何以一夜之間，滿佈北京城內外，豈非飛將軍從天而降耶！怪哉，怪哉！旋至各處探詢，始知馮軍此次返京，乃表決倒戈之滑稽劇，余忖思老曹休矣。

未幾，接到訪員報告，賄選總統老曹，已被幽禁於延慶樓矣。片刻間，又接報告，謂老曹嬖臣李彥青，被槍斃矣。曹家衛隊，全被繳械矣。未聽一聲搶響，一夜之間，一個偌大的曹家北京城，忽然變為馮家北京城，真有點神妙莫測！好在馮軍兵士，素以紀律嚴明著稱於時，入城馮軍，雖數以萬計，然於市面，毫不驚擾，市民一律外出，圍觀熱鬧，莫不嘖嘖稱奇，深訝「倒戈將軍」入京之神速。後乃知馮軍之前往熱河，大部分實逗留中途，未赴前線，在沿途修橋補路，作倒戈之預備者，已非一日，特曹吳輩睡在鼓中，全然不知耳。

馮玉祥自佔領北京，即派其部下鹿鍾麟為警備司令，執行生殺予奪之任務，自此馮軍全部從熱河撤退，集中於平津一帶，耀武揚威，不可一世。馮玉祥在此時候，演了一幕發古董財之逼宮戲劇。滿清一朝，統治中國三百年，宮廷內面，所收藏的名貴古董字畫，不計其數，滿清遜位時，雖訂有優待條件，每年由共和政府，給與優待經費四百萬元，在老袁主政時，尚照章送給，到了軍閥時代，無人過問此事。故宮之中，早已以售賣古物，支持生活，但名貴古物，絲毫未動也。

會有政客李某易某，發財心切，乃建議於馮玉祥，勸其驅逐溥儀出宮，奪取其古物，售諸歐美，可得鉅款，擴充軍隊，便可統一中原。馮玉祥原是一位野心家，聞此建議，安得不為所動，於是便派部下，衝入故宮，溥儀只得避往日本使館，由日軍保護之下，逃往天津日本租界，種下了後來偽滿傀儡之惡姻緣。馮玉祥得了這批古今罕見之名貴古董，運往外國，大發其財，一時外國報章，對於馮玉祥，加以「古董商人」之稱號，勸發橫財之某某政客，亦沾光不小。後來馮玉祥死於蘇聯輪船之中，存在外國之這批古董存款，不知落在何人之手，世間大多數，皆為貪得無厭之徒，睹茲結果，當有所覺悟矣。

一敗塗地吳大師垮臺
兩番勸駕段老虎執政

自馮玉祥倒戈，佔領北京，在冷口外守候已久之張宗昌、李景林兩軍，進入冷口，直趨河北，攻取軍糧城，截斷京奉鐵路，扼守山海關之吳佩孚軍，後路已被截斷，陷於前後受攻之苦境。不旬日間，十萬大軍，全行崩潰，昔時虎步洛陽不可一世之吳關岳，只得單兵獨馬，作了單身走華陰之曹操第二。

在山海關守候進攻之大部奉軍，振旅入關，會師天津，高唱凱歌，論功行賞，以李景林、張宗昌二人之戰功最大，乃以李景林任河北督辦，張宗昌任山東督辦。余於張作霖在皇姑屯被炸後，曾作有〈一聲霹靂震遼陽歌〉以弔之，茲錄起句一段於左，以見奉張當日得意情況之一斑：

范陽藩鎮互爭雄，張家兵馬起遼東。
一戰榆關取河朔，高踞金台氣似虹。
分王諸將守疆土，帶礪河山酬偉功。
……

奉系頭目張作霖，駐軍天津，少帥張學良，駐軍保定，住於曹錕自行建築之光園，老曹自賄選總統登臺以後，志得意滿，目空一切，轉瞬之間，變為囚徒，不獨總統寶座，讓與他人，其所自築之光園，亦為他人所佔領，老曹果懂點文墨，讀到「惟鵲有巢，惟鳩居之」古詩，當發生無限感慨！奉張挾戰勝之威，非不欲即登總統寶座，但以時局尚未大定，且有鑒於老曹急登高位之覆轍，故而踟躕不敢速進，暫把段老虎捧上舞臺，再等機會。

老段自北京逃出，即住於天津租界吳光新私宅，奉系醞釀倒曹之際，老段因亦預聞其事，聞奉張有意捧其上臺，自以手無寸鐵，不能不稍存客氣，表示謙讓。奉張乃親赴段寓，當面勸駕，馮玉祥聞之，亦親到勸駕。老段以雙方表示擁護，便以為天與人歸，當仁不讓矣。但老段用何種名義登臺，當時頗多問題，若回復安福議會，另行選舉，則一班人對於安福國會，議論殊多，不敢拉出這個招牌；若用民初議會，則為曹錕之賄選機關，更不能加以利用。

由是左右幕僚，乃為擬定一半古今之名詞，暫稱執政，俟時局安定後，再行回復總統名稱。於是，老段便以執政名義，躍登舞臺，這個時候的北京，完全在馮玉祥控制之下，奉張勢力，只及於天津保定一帶，段老虎爬上這個兩方對壘之傀儡舞臺，可謂不度德不量力之至矣！老段登臺後，表演了一次形式加官劇，開了一次善後會議，由各省督軍派遣代表數人，參加此項會議，實則各省軍閥各自為政，執政者無可執之政，善後會議亦無可善之後，只是完成一種會議形式而已。

段老虎向以剛愎自用著稱於時，此次登臺，居於兩大勢力之間，剛無可剛，愎無可愎，只有狼狽叫苦耳。老段此次登臺，原為奉張所捧出，初意原欲用為傀儡，力與支持，但後來見老段對於馮玉祥，亦加敷衍，大為不滿，由是，返回關外，對於北京局面，不甚過問，大有聽其自行垮臺之意。奉張在瀋陽語人云：「段執政今日，已變成了一隻鴨子，四面火烤，苦況自不堪言狀，然在目前情況下，我張某實無法解彼之圍，惟有聽彼自作自受而已。」

倒戈成風郭軍舉叛旗
化裝助戰倭奴逞野心

奉張之打倒曹錕，可謂全得諸馮玉祥倒戈之力，因其一面撤守冷口，使李景林、張宗昌得以長驅直入，截斷吳佩孚之後路，一面潛返北京，幽禁曹錕，使直系軍心，頓生動搖，故奉軍報曹之師，得操全勝。假令當時馮玉祥不肯撤冷口，而吳佩孚以大軍扼守山海關，進可以戰，退可以守，奉軍為萬里長城所限，欲進不能，欲退不可，奉直勝負之數，未可知也。乃吳佩孚輩，有勇無謀，為陰賊險狠之老馮所玩弄，是以陷於狼狽境地，敗得片甲不留，奉張輩之得意洋洋，可想而知。

不料天下事無獨有偶，奉系方在高唱凱歌之際，其部將郭松齡，亦模倣馮玉祥之所為，大演其倒戈之惡劇，奉派軍隊，原分舊新兩派，舊派為同起草澤之鬍軍，以張作霖、吳俊陞、張景惠四大頭目為中堅，未曾受過軍事教育，自楊宇霆參謀帷幄，因其本人出身留日士官學校，具有新式軍事常識，乃主張革新軍隊，於是姜登選、郭松齡一班出身軍校之徒，乃被重用，任為主將。

郭松齡昔任瀋陽軍校校長，小遼東張學良曾在該校上課，奉系新軍中級將領，多出郭松齡門下，漸得奉張信任，擢為主將，攻曹之役，郭松齡駐守關外，未獲參加熱鬧，目睹李景林、張宗昌輩，戰勝攻取，出任督辦，妬火中燒，不能自已，決意採取馮玉祥倒戈手段，謀取遼東王而代之。其時郭松齡統率所部，駐於關外之新民屯，適值姜登選過境，郭松齡便以商討國事為名，召集姜氏及所部各師長集會，俟姜等齊集之後，便以迅雷不及掩耳之手段，一律槍殺，高舉叛旗。

其時奉軍大部分皆進駐關內，駐守關外者，除郭軍外，只有吳俊陞所部之少數舊式鬍軍，遠非郭軍之敵。乃事有出人意外者，自郭軍高樹叛旗後，忽然吳俊陞所部舊式鬍軍，變成勁旅，軍械精利，漫山遍野而來，銳不可當。旬日之間，郭軍全被擊潰，郭松齡遂死於包圍之中。郭馮同一倒戈，一勝一敗，堪稱怪事。事後乃知所謂吳俊陞軍者，特日本軍隊之化裝耳，蓋日本人早已視東北為其囊中物，彼以奉張雖統有軍隊，不能有為，若換一新人主持東北，難免不影響日本之未來政策，是以決計撲滅郭軍，遂由日本關東軍司令與奉方協商，願派大隊，著奉軍服裝，加入討郭軍。奉方對於日人此舉，原為求之不得者，當即允許接受，日軍乃以數萬人，出陣作戰，不旬日間，郭軍全部被消滅，從此日本人在東北之勢力，更如火上加油矣。

當郭松齡倒戈之際，李景林擁兵河北，未即發兵討郭，頗有中立之嫌，討郭軍事收束後，奉張對於李景林之觀望態度，大為不滿，因此罷免李景林之督辦職，而解除其兵柄，同時當郭松齡倒戈之際，馮玉祥有與郭松齡聯絡之嫌疑，特以郭松齡失敗太速，故馮玉祥無所舉動耳。從此張馮之間，間隙日深矣。

茲可附記者，當郭軍倒戈時，為之運籌帷幄者，除林長民外，尚有饒秘僧李景和二人，林長民死於是役，前已有所紀述，饒秘僧即是民初黎元洪在鄂督任內之饒秘書，善作陸宣公文體之通電，曾為一時所稱道。饒氏在此次戰役中，為奉軍所捕獲，奉系中人，以饒氏不過一筆桿書生，倒戈之舉，非其煽動，故置而釋之。李景和曾任老袁秘書，不甚得意，後來輾轉投身郭軍，事先脫逃，未作喪身之鬼，亦云幸已。

「鬍子班」好勇鬥狠

北方軍閥之末期，直系皖系之鬥爭，已成過去，斯時雙方對壘者，乃為鬍子班與行伍班之惡劇表演。所謂鬍子班者，以張作霖、張宗昌為代表人物；所謂行伍班者，則以馮玉祥為代表人物。

一般的人，說到兩班作風，莫不以為鬍子班胡作非為，瞎鬧到底；行伍班之作風，或者彼善於此。不知就智識上說，兩班固皆是不知時代為何物，不知政治為何事，以暴易暴，無所軒輊。而就兩班頭目之性格言之，則實大有不同，鬍子班好勇鬥狠，固是魯莽滅裂，但對於草澤舊侶，尚能團結一致，而不互相傾軋，觀奉張主宰東北十餘年，與舊伴吳俊陞、張作相、張景惠諸頭目，始終合作，絕無內鬨之事，頗有一種梁山泊好漢的風味。且諸頭目皆有一種長處，彼等自知識字無多，不了解政務，對於一切內政外交，無能虛心下氣，一聽幕僚主持，不肯胡亂作主，故在民初之東北政務，尚粗有可觀。惟以不度德，不量力，到了晚年，野心勃發，進軍關內，妄圖奪取中原，以至禍國自禍，實堪痛惜！

猶記段氏執政時期，特開所謂善後會議，吉林財政廳長榮厚，以代表資格，前來北京，與余談及時事，作感慨語云：「東北為富庶之區，現在富源開闢，尚未達三分之一，即在關外勵精圖治，尚恐力有未及，何況強鄰窺伺於臥榻之側，防不勝防，我不知道他們跑到關內，耀武揚威，幹甚麼事？」余當時對於榮先生此種見解，深以為然，莫謂秦無人也，惜乎野心之徒，不知聽信良言耳。

張宗昌為一西伯利亞鬍子出身，個人行動，極端放肆，時人稱張宗昌，不知自己有多少隊伍，不知自己有多少錢，不知自己有多少老婆，此之謂「三不知」之張長腿，號稱魯莽人物。然生平與人共事，未嘗倒戈相向，尚不失紅鬍子本色。

馮玉祥二度倒戈

至於行伍班頭目之馮玉祥，則其性格與翦子班，適得其反。馮玉祥以兵士起家，不知在何處學會了一套陰險反覆的手法，他的倒戈把戲，據深悉其生平者云，大小曾有六七次之多。余所目睹者，即有二次：一是捉曹一幕；一是驅段一幕。捉曹一幕，最為驚險，因此取得「倒戈將軍」之雅號。驅段一幕，未曾使用長槍大劍，故不為時人所注意耳。

老段之出任執政，原出於奉系之捧場，但是時奉軍勢力，僅及天津保定一帶，北京一城，全在馮玉祥控制之下，老段手無寸鐵，貿然登臺，居於兩姑之間，自然難於為婦。奉張則謂其祖馮，馮玉祥則謂其袒張，結果陷於兩面不討好之苦境！馮玉祥之倒戈捉曹，自以為戰勝直系之舉，全得我馮某一人之力，李景林、張宗昌之截斷吳軍後路，不過因人成事耳，乃奉軍入關後，對於李張之流，論功行賞，劃土分疆，佔盡中原地盤，而於馮某之豐功偉烈，無人顧及，位不加尊，地不加廣，所為何事？乃老段欺善怕惡，惟奉張之命是聽，使我馮某萬難忍耐。

適徐樹錚自歐洲返回北京，馮玉祥對之，一則恐其挾有陰謀，於己不利，二則久懷殺舅之仇，頓起報復之念。馮玉祥由行伍起家，做到主將，其最初之提挈人，全得諸母舅陸建章之力，陸後來出任陝西督軍，為陝北鎮守使陳樹藩所逐，陳樹藩者，徐樹錚之徒黨也。陸建章自被逐離陝回京，頗有所活動，謀報陳樹藩之怨，事為徐樹錚所聞，乃誘陸建章至天津河北而殺之。馮玉祥之欲報此仇久矣，今見徐樹錚隻身北來，手無寸鐵，正為報仇雪恨之惟一機會，乃令部將張之江殺之於廊房車站。（編者按：薛觀瀾先生之〈徐樹錚廊房遇難記〉可與此文相印證。）

馮玉祥以為既殺段氏心腹，業已兵刃相接，一不做，二不休，便續將老段心腹曾毓雋、姚震二人，加以捕拏，將其幽禁。復令鹿鍾麟，對於老段加以威脅，老段乃潛赴東交民巷法國使館，請其保護，始得逃往天津租界，「倒戈將軍」之倒戈把戲，又演出一番，然此次表演，不過打死老虎耳，遠不及捉曹一幕之有聲有色也。

張大元帥爬上黃金臺

自號稱執政之段祺瑞，被「倒戈將軍」所驅逐，逃往天津後，北京之形式政權，成為真空狀態。斯時之北閥鬥爭，非復皖直之鬥爭，實際上已變成張馮對壘之局。但奉張硬紮硬打，尚不失草澤人物本色；馮倒戈則一向是乘人之危，必須有隙可乘，方肯鳴金擂鼓，三國時之呂布，反覆無常，號稱三姓家奴，馮玉祥可謂與之遙遙相應。

此際段老虎，雖被驅逐，而奉系尚無間隙可乘，故退駐包頭，靜待機會，對於奉張，不敢遽變猙獰面目，奉張有鑒於十年以來，高踞總統寶座者，無一不被人推倒，是以不敢貿然登臺。馮玉祥更是一實權主義之流，一向對於有名無實之王冠，更是視若敝屣。惟奉張以華北早成奉系勢力範圍，長此真空，亦有不妥，故再度入駐天津，以謀安定紛擾之局勢。奉系前雖利用馮氏倒戈，打倒曹錕，但有鑒於馮氏之再度倒段，已深知馮氏之為人，難與共事，因此改變聯馮主義，採用聯吳方針。

斯時吳佩孚方再起漢口，東連孫傳芳。奉張派人往與聯絡，邀其北來，共商善後之策。吳佩孚亦以直系失敗，全由馮玉祥倒戈所致，實際上之直系敵人，是馮而非張，是以受奉張之邀請，翩然北來，坐鎮長辛店，與奉張會攻南口。是時國民革命軍，既攻下江西南昌，沿南潯路，進出九江，而孫傳芳精銳盡失。同時長沙、岳州方面，轉守為攻，直搗武漢。佩孚亟自長辛店南下馳援，與國民革命軍決戰於湖北汀泗橋。戰不利，退保武漢。武漢不守，再退鄭州。奉張知其已無能為力，遂有登臺一試之意。

但用何種名義登臺為宜，當時頗為猶疑，若仍用執政名義耶？則奉張出身草澤，識字無多，執政二字，作何解釋，不甚了了。對於這種古老名詞，不感興趣。若用總統名義耶？則須由國會選舉，手續麻煩，且鑒於歷任總統之不終其位，認為總統二字，乃一個不祥名詞，對之更為厭惡。奉張之幕僚，見其主人公猶疑不決，乃獻議於老張曰：「古之英雄，起兵爭霸，在局勢尚未大定之際，有自稱天下兵馬大元帥，以鎮定軍心者，後來稱帝稱王，功成名遂，我公何不用大元帥名義登臺，以繼往而開來耶？」奉張聞之，欣然曰：「好好，就用這個名稱罷。」

由是燕京之黃金臺上，又表演一次大元帥登臺之喜劇，這次大元帥登臺表演，在奉張視之，等於劉季之正位咸陽，高歌大風，興復不淺。

捕殺李大釗等之一幕

東北一隅，在抗戰前，南滿為日本勢力範圍，北滿為俄國勢力範圍，譬如兩虎業已升堂入室，而為本宅主人者，尚在酣睡未醒，寧非怪事！當奉張稱王遼東時，其部下患有兩種重症，而不知預防。一為恐日病；二為輕俄病。

恐日病之由來，因日本海則據有旅順、大連，扼其咽喉，陸則據有南滿鐵路，直衝橫撞，耽耽虎視，雖三尺童子，亦知畏之。至對於俄國之輕視，則以俄國曾敗於日本，且在東方未駐重兵，故對之異常輕視。猶記黑龍江督軍署參謀長蘇炳文，與余談及日俄問題，他以為在日本壓迫之下，無法抵抗，只有屈服，至於蘇俄則在東方兵力單薄，我們老實不客氣，決不受其壓迫。後來因鐵路事件之爭執，黑龍江省竟出兵挑釁，致遭蘇俄騎兵之襲擊，黑省軍隊，一敗塗地，終於對俄屈服，此項衝突，範圍不大，故不為世人所注意耳。

吾之引述此段故事，因與捕拏李大釗事，不無關聯也。蓋李大釗等匿居俄使館，而受其掩護，自以為安如泰山，不知奉派素來不把蘇俄放在眼中，雖在使館，不難圍而捕之，假令托庇日使館，則無如之何矣。

民初之共產黨，有「南陳北李」之稱，所謂南陳者，即為在長江一帶活動之陳獨秀；所謂北李者，即為在北方活動之李大釗也。李陳二人之在共黨，譬如秦末首先起事之陳勝、吳廣，徒為楚漢作先驅耳。卒之陳獨秀以托派名義，為共黨所排，而李大釗則送命於斷頭臺上。歷史先例如此，不足異也。

李大釗等二十一人，由俄使署之庇護，遂在北京公開活動，實則其活動範圍，尚只限於學界，對於軍隊，並未滲入，奉張一派之欲得李大釗而甘心者，並非甚麼主義不主義問題，因為當時廣東北伐軍，有聯俄容共之說，認為李大釗等之行動，即是北伐軍之前鋒，故深忌之，遂派警員，化裝洋車夫及廚子，潛伏俄使館內外，加以監視，及探知真相，乃命警廳派隊包圍俄使館，將李大釗等二十一人，全數捕拏，並未交法庭審問，立即發交監獄，一律絞殺，二十一人，無一免者。當時輿論界，頗起非難，以為在使館界，所捕犯人，為世界所注意，應當公開審判，方可科刑。然此等評論，亦不過報章之事後批評耳。當時之軍閥們，那裡知道注意及此耶？

葉德輝賣書未成遭慘死

西洋歷史家嘗批評中國歷史，是一部純粹的流血紀錄，誠哉是言。觀於民初北洋軍閥之互殺互鬥而益信。自清室解紐，君主之舊迷信，則誠打破矣，但共和法治之新信仰，全未養成，遂成為一群豺虎之互鬥世界，自古以來之黑暗歷史，未有甚於斯時者也！

袁世凱敗死以後，始而有直皖之戰，繼而有奉直之戰，再繼之以長江齊盧之戰，復繼之以孫奉之戰，古人有言，暴亂之輩，適足為王者之先驅，因鬧亂份子，行動過於惡劣，故行動比較穩健之陣線，乃得乘其敝而擊潰之耳。民初北方及長江之一群蟻鬥，乃北伐軍之先驅也。

自蘇督齊燮元與閩督孫傳芳，夾攻浙督盧永祥，奪取浙江地盤而有之，及奉軍在北方戰勝曹軍，沿津浦路南下，攻擊齊燮元而取得長江下游，遂派出三個督軍：以張宗昌督山東，以姜登選督安徽，以楊宇霆督江蘇。未及數月，孫傳芳復由浙江出兵，攻走奉軍，楊宇霆之南京登臺，不過曇花一現。此輩之一起一落，譬如螞蟻搬家，值不得詳細紀錄，獨楊宇霆之垮臺過速，影響了一位舊學名家之生命，致遭殺之橫禍，吾常為之耿耿於心，而太息不置！

民初革命時，黃季剛在四川葉德輝在湖南，有欲加害者，章太炎致電營救，有「若殺黃季剛、葉德輝，則中國讀書種子絕矣」之語。季剛為太炎門徒，其救之宜也，葉氏與太炎學派不同，太炎亦推尊之備至，可見其舊學高深之一班。葉氏博學而性頑固守舊，戊戌維新之際，陳寶箴在湖南提倡新學，葉氏與王先謙反對甚力，但亦不過與朋儕談論而已，並未發表反對文字也。葉氏以博覽著稱，藏書之富，當時稱為海內第一，旋以當時之湖南，屢動干戈，葉氏乃攜其藏書一部分，避居蘇州，後來長江軍閥，復起鬥爭，葉氏乃避居北京，但以屢年轉徙，生活難支，亟思將藏書一部分出售，俾得在北京，渡過暮年生活，曾將此項計畫，就商於余，及故文學家邵瑞彭。

當時楊宇霆方任南京督軍，余因與邵君聯名致函楊氏，略謂：十餘年來，兵端屢起，文獻舊書，大半散失，葉先生為名高海內之藏書家，現有名貴書籍數萬卷，藏於蘇州，執事開府金陵，宜將此項藏書，由公家購進，藏於圖書館，供學子閱覽，以發揚中國固有文化云云，並附帶聲明：所有書價，照時價超過二十萬，只收半價足矣。

楊氏雖非學人，但亦頗知尊重文獻，接余等此函，即覆函應允。葉氏方擬南和，收拾藏書，送往金陵，會孫傳芳反攻奉軍，楊宇霆退出南京，葉氏藏書，無法脫手，不能久居北京，遂返湘居住。後值萍醴共黨小集團攻入長沙，一班淺薄少年，以葉氏為頑固派，必反對馬克思主義，遂將一個老年學人，以公審方式，殺戮於群眾蝟集之場中，可謂慘矣！假令楊宇霆能在南京，多留數月，辦妥購買藏書之事，葉氏生活有著，安居北京，自不至遭此慘禍也。在湘主張殺葉者為一少年柳某，後來共黨在湖北洪澤湖互相火併，少年柳某，亦橫屍湖畔，可謂報應不爽矣。

孫傳芳斃命紫竹林

當奉系戰勝曹吳，振旅東下之際，楊宇霆開府金陵，好似曹孟德八十三萬人馬下江南，氣勢之盛，不可一世。而孫傳芳以閩浙一隅之兵，攻走楊宇霆，又好似拜借東風之周郎，大敗曹兵於赤壁，古今兩個稱雄江東之吳王，均為孫姓，亦異事也。

孫傳芳自攻走楊宇霆、姜登選，據有閩浙蘇皖贛五省地盤，乃自稱五省聯軍總司令，特設五省財政處，以為搜括軍餉之機構，並起用在舊財部任職多年之曲卓新，任財政處長。余與曲君為同學舊友，於其將行南下之際，效古人臨別贈言之意，語之曰：「昔孫仲謀據有江東，禮賢下士，武有周郎，文有魯肅，且在思潮晦澀時代，故能保境安民，成為鼎足三分之局，今則服從之義，全盤撕破，人人稱帝，個個稱王，蜂鬥蟻爭，已十餘年矣。孫馨遠肯羅致吾兄，足見其尚有求賢自輔之意，兄到江東後，宜勸孫馨遠努力改革地方政治，一洗向來顧軍不顧民之惡作風，將來地盤縱有轉移，猶可留遺愛於甘棠，作江東父老之去思，若只知注意槍桿，保持地盤，則強中自有強中手，未來變化，誠難逆料，觀於十餘年來之此起彼落，可以為鑒矣！」

曲君聞余言，唯唯稱是，曲君為前清進士，留學東京，頗了解新式政治，但其為人魄力稍弱，到江南後，只是循例做官，不能有所匡救，未幾，北伐軍以全力攻江南，孫部瓦解，孫傳芳逃往北方，退居天津租界，失敗之餘，感覺平素槍桿生涯，徒以造成生民浩劫，遂拜在紫竹林老僧門下，聽講佛經，藉資懺悔。不料以學佛之故，竟遭一女子之暗殺，而結束其生命。

緣孫傳芳在江南與奉軍相鬥時，兗州守使施從濱，係安徽人，受皖系聯絡，響應奉軍，為孫軍擊敗，施從濱被俘，孫傳芳將其腰斬，死狀甚慘。其女施劍翹欲報殺父之仇，聞孫傳芳在紫竹林學佛，遂亦加入學佛團，以俟機會。孫傳芳不知學佛女子為施從濱之女，未加注意也。

一日施劍翹身懷手槍，乘孫傳芳聽經之際，向其背後，突開數槍，孫傳芳立斃於佛場之中，同座見之大譁，施劍翹高聲叫曰：「我乃施從濱之女，我父為孫傳芳所慘殺，我之殺孫，所以報殺父之仇，殺人有罪，我自承當，與同座無關。」言畢，逕往警廳自首。施劍翹旋解往北京法院公審，開庭時，平津人士，咸欲一睹烈女手采，前往觀審者多至數千人，法院無法容納，後至之人，失望而返，審判結果，只判刑二年，並准緩執行，而予以開釋。由是施烈女為父報仇之故事，成為社會之談資者，連年累月而未止。虎步江東之孫馨遠，竟落得如此收場，實非意料所及也。

守株以待「吳佩孚不克令終」
濟款相迎「段祺瑞倖全晚節」

北洋軍閥，自老袁逝世起，至北伐軍勝利止，十餘年間，彼搶此奪，有如蟻鬥蜂爭，人民之受其蹂躪，國勢之受其摧殘，達於極點，以致引起日本人併吞整個疆土之野心，皆若輩造成之惡果也。軍閥互鬥之結果，無論勝者敗者，同歸於盡，固不待言，若就軍閥各個本身分別言之，可分二類：其人雖熱中權利，亦稍識進退之機，鬥爭雖歸失敗，猶得保全首領以沒，此一類也；若其人勝不知止，敗不知退，橫衝直撞，胡鬧到底，則未有不身遭橫禍者，此又一類也。天性使然，咎由自取耳。

北洋派軍人資格最老者，為王士珍、段祺瑞、馮國璋三人，即所謂北洋三傑龍虎狗是也。三人中，以王士珍權利之見，較為恬淡，自老袁死後，王士珍即不再問軍事，亦不學徐世昌輩之傀儡登臺，在當時之俗眼觀之，鮮不謂王士珍缺乏魄力，故甘心退讓，至今思之，王士珍畢竟高於虎狗一等，龍之一字，足以勉強當之而無愧。段馮二人，互逞強橫，造成皖直二系之鬥爭，至不可收拾，禍國殃民，未身遭橫禍者，特為漏網之魚耳。馮國璋雖為直系首要，但所部兵力，並不雄厚，代之而起者，則為曹錕，而為曹錕作戰勝攻取之大將者，則為吳佩孚，故馮曹皆得幸保首頭，而吳佩孚則終遭橫禍，為日人注射毒針以斃命。自另一方面言之，固足表現其個性之強硬，然彼既早有不逃外國、不入租界之宣言，而敵人已侵入腹地，比之租界，更為嚴重，吳佩孚死守北平不動，果欲在敵人槍桿下，表現其不屈不撓之精神耶？非至愚，何至於此，其欲身免橫禍，安可得乎？段老虎之克保晚節，可謂天幸，當抗戰之初，中央政府以老段住天津租界，恐為日本人所利用，乃派銀行家周作民，攜款三十萬元餽之，並迎其南下，老段接受邀請，移居上海，當時段氏左右王揖唐、梁鴻志之流，均預聞其事，且分用其款，其後王梁輩，竟中途變節，甘供敵人驅使，假令老段不早日南來，一為日人所脅誘，左右熱中之輩更加以煽動，難免不誤入歧途，老段之得全晚節，實天幸也。

張作霖雙目露白光

古人有言，多行不義，不遇人禍，必遭天殃。以往事考之，益信斯言之信而有徵也。奉張與其徒黨數人，起自草澤，值清末紀綱廢弛，政治腐化，遂得稱霸遼東，假令奉張有自知之明，劃關而守，招賢禮士，內以保地方之治安，外以禦強之窺伺，豈不身名俱泰，功在國家，不亦偉歟！奈奉張本人，絕無學識，輔佐之人，又缺少深謀遠慮之士，妄逞雄心，出兵關內，加入蟻鬥，終於性命地盤，同歸消滅，理有固然，不足異也。奉系首要，共有八人，其得保全軀殼，未遭橫禍者，只有張作相一人而已。其餘非罹慘死之殃，亦失自由之樂，茲特分別紀述，以為知人論世之一助。

張作霖北人南相，身軀並不高大，並非如世人所想像的紅鬍子面目，但有一異相，雙目露白光，依古相術言，雙目露光，或雙目外露者，為招兇之相，此種相理，並非迷信之言，依生理性格言之，大凡雙目靈光或雙目外露之人，性多兇橫，不顧環境，果掌兵握權，易遭橫禍，良尤其生性使然有以招致之耳。

奉張以數百桿破槍起家，稱王遼東，便以為天下事不過爾爾，今既擁有十數萬兵力，一旦振旅入關，則奪取中原，如探囊取物耳。參謀帷幄之楊宇霆輩，更是目無餘子，極力助長老張之狂妄野心，鬥爭不已，兵敗以後，返回瀋陽，當時原擬將大元帥名義，帶往東北，組織一獨立王國，此項獨立計畫，適遭皇姑屯炸彈而消滅，故不為世人所注意耳。

芳澤在華一段往事

日人之炸斃張作霖，用意有二：一則激於奉張拒絕其開通吉會鐵路連絡線之要求，以資報復；二則欲炸東北頭腦，化整為零，以便併吞東北計畫之施行。故皇姑屯之炸彈，自正面言之，奉張之死，可以請之為國捐軀，而自在關內鬥爭經過言之，奉張之死，亦可謂為冤冤相報之總結束。唐人詩云：「一將功成萬骨枯」。此特指防邊禦寇之成功猛將而言耳，猶且傷感如此，若對於無名戰爭之輩，更不知傷感如何！奉張出兵關內，一敗一勝又一敗，不知枯了骨頭多少，假令果有閻羅王掌管報應，則皇姑屯之炸彈，或為上天行罰，特假手於倭奴耳，亦未可知也。

日本現任駐華大使芳澤謙吉氏，昔任舊京使節時，有一段外交秘史，極為名貴，即張作霖炸斃之內幕是也。此中真相，知之者甚少，余是時方辦報燕京，與楊宇霆間有往來，一日，與故文學家邵瑞彭，同訪楊氏，楊語余等云：「現在南軍南北並進，關內奉軍，形勢岌岌，不料日人乘人之危，提出要求，讓彼修築自朝鮮會理州達於吉林敦化經間之一段重要鐵路，以便利軍事上之運輸，余與張雨公（指張作霖）以此路關係東北後防，加以拒絕，芳澤公使在余處，守候兩晝夜不去，且有截斷奉軍歸路之語，事態嚴重，公等之意，以為何如？」余等異口同聲，主張拒絕到底。未幾，而有皇姑屯被炸之事，其原因實由於此，今因芳澤重來我國，有感往事，特並及之。

吳大舌頭的褲帶

與張作霖同生共死之吳俊陞，為奉派四大巨頭之一，吳俊陞並非草澤起家，而是一位當兵出身之行伍人物。當張作霖受清末官吏招撫，將所部騎軍編為正規軍時，這一班騎子們，雖是成群結隊，那裡懂得甚麼軍操。吳俊陞久在行伍，稍知舊式操典，因此，為張作霖所羅致。任為投降騎軍之將官，擔任訓練，從此吳俊陞與張作霖，便成為生死患難之交，當張作霖佔有東北時，自任奉天省督辦，張作相任吉林省督辦，吳俊陞任黑龍江督辦，居然鼎足三分，割據遼東，而草澤起家之張景惠，未得與焉。

吳俊陞起家行伍，識字無多，其為人極為樸訥，未梁狡猾氣習，身軀肥大，喜藏漢玉，褲帶滿擊小漢玉，如貫珠一串，與人談到漢玉，便將長袍掀起，露出褲帶。語同座人曰：「你看我的漢玉，好不好？」此等態度，固然稍欠文雅，然亦頗能表現梁山好漢的天真本色。吳陞俊在黑龍江任內，依奉系軍閥慣例，政務一切，皆由參謀長秘書長主持，成績好歹，均談不到。當郭松齡倒戈之際，日本軍隊，假裝吳軍，攻倒郭軍。吳俊陞表演了一幕假裝戲劇，更成了東北的風頭人物。

駭人聽聞的田產

吳俊陞在東北三巨頭中，號稱最為貪利，有吳大荷包之稱，所置田產之多，真是駭人聽聞，除通化縣全縣之田，統歸吳俊陞一人所有外，尚有數縣，亦佔田不少，吳有一女，許嫁內蒙古穆刺罕王第二子，訂婚之際，穆刺罕王以荒地六十萬頃，贈送吳家，作為聘禮，吳便以現金六十萬，開闢此土，其田產之多，即此一端，可見一斑。蓋東北接攘內蒙，蒙胞游牧為生，所有草地，均歸蒙王所有，此種荒地，原應當收歸公有，但東北軍閥之作風，將廣大荒地，作為自己私產，所有東北槍桿階級，及握權之輩，無不憑藉勢力，廣佔荒地，闢成沃土，但以吳俊陞所佔為最多耳。

皇姑屯炸彈發生之際，吳俊陞原在關外，看守老家，竟與張作霖同死車中者，因吳俊陞以張老將由平返瀋，往中途迎接，在離皇姑屯數站之前登車，與老張同坐一室，因此遂同罹難於炸彈之下，受炸之際，吳俊陞受傷最重，立斃車中，張作霖受傷後，到家方氣絕。吳之與張，可謂不愧同生共死之交矣。所惜者，吳俊陞在東北置下不可數計之許多田產，竟一畝不能帶到陰間，長期享受，未免太受委屈了。世之貪得無厭之輩，觀乎此，可以知所覺悟矣。

張作相獨獲善終

張作相在草澤三張中，相貌最為堂皇，行動亦最為規律，雖說不上甚麼學識修養，然在吉林任內，尚能循規蹈矩，並無多大過失。張作相原為鬍軍舊派，奉軍自革新訓練以後，舊派成為落伍軍，不再上前線作戰，所部舊軍，為數有限，不過維持地面治安而已。

張作相似頗不以向關內鬥爭為然，所用之人，如榮厚之流，反對尤力，上節中曾紀其談話，其見解頗不平凡，是以張作相統治吉林時，雖說不上新式行政之推進，然尚能做到維持現狀，維持秩序二事，由草澤起家的人，能做到如此地步，已算難能可貴。其私人嗜好，亦不如張老將張長腿輩之每晚要聚賭取樂。其個人操守，雖說不上廉潔二字，然亦不似吳俊陞輩之貪得無厭。張作相起家綠林，而私人行動，能如此規律，尤為難得。

九一八之役，東北被日佔領以後，張作相避居天津，閉門養晦，對於一切偽組織之活動，概不過問，日人以其手無寸鐵，亦不忌之。當王揖唐為日人所驅策，在北平組織所謂政委會時，曾以招待北方元老為詞，邀張作相靳雲鵬之流，到北京集會一次，張作相恐開罪日本人，循例一往，除此之外，鮮與外人接觸，用能於彼濤洶湧之際，平安無事，得保首領以沒，此為奉派頭目中，命運最佳之一人。古語云：「禍福無門，惟人自召。」張作相之平安無事，實其個性使然。其同時之輩，爭權奪利，貪得無厭，有如飛蛾撲燈，勢非自燬不止，又安得怨天尤人耶！

茲可附記者，為張作相任參謀長之熙洽，出身日本軍校，頗諳文墨，任職時，平平穩穩，無甚過失，其人為滿清宗室，對於恢復皇統，未能忘情。當日人捧溥儀傀儡登場之際，熙洽竟加入傀儡團，做了小小配角，及日本投降，遂與溥儀等，被蘇聯俘虜，幽禁於西伯利亞之赤塔，及共黨得勢，蘇聯將這批傀儡人犯，移交中共，幽禁於黑龍江之佳木斯，未必再有恢復自由之一日。以熙洽之家世言之，其附和溥儀，固情有可原，然欲在日本之殖民地上，作光復清室之幻夢，其見解之庸暗，可謂無以復加。然號稱革命元勛以先知自命之汪兆銘輩，亦復昧其本來，走入歧路，於熙洽輩，又何責焉。

吳俊陞女堅拒遠嫁

中國歷史上的佳人艷跡，最為詩人詞客所稱述，亦最為詩人詞客所痛惜者，莫過於王昭君之遠嫁和番。唐宋以後之詩人，大抵藉詠昭君，以抒己懷才不遇之感，唐人名句，如「一去紫台連朔漠，獨留青塚向黃昏」、「七彈昭君怨，一去怨不回」、「公主琵琶幽怨多」等等，不一而足，至於詞曲之昭君怨，戲劇之昭君和番，將昭君之不幸身世，尤描寫得十分精采，使讀者觀者，莫不為之同情痛惜，乃世間竟有惟利是圖之吳俊陞輩，為換取游牧荒地，竟不惜以所生掌珠，許配於蒙古部落，真匪夷所思矣。

吳俊陞因貪圖蒙古穆刺罕王六十萬頃荒地之訂婚重禮，將其女許配於該王之第二子，後吳小姐進了學校，年齡大了，沾染了婚姻自由之新潮，不願作王昭君第二，因此提出解除婚約，蒙古王同意解約，但要求退還六十萬頃訂婚重禮，而吳家則以投去鉅資，全部開闢為辭，不允退還，蒙古王卒無如之何也。

吳小姐解除婚約後，更廣事交際，旅行平津上海，眼界愈形闊大，對南人之清秀，尤為心折，回東北後，在哈爾濱大選其婿，一時希望中選，為富家女婿作陳平第二者，大有人在，有一無錫人某，因與哈埠舊豪家馬駿卿之如君相識，得其援助，竟獲中選，旋東北淪陷，所有不可數計之田產，果一畝不能帶走，珍貴物品，約值美金五百萬元，由吳俊陞之子吳泰來，運往香港，乃運載飛機墮海失事，此項珍品，化為烏有，吳小姐自帶首飾珍品，約值數十萬美元，尤其姻親某，借押於某顯官之如君處，借款美金五千元，後某如君以借款逾期，竟不允取贖，因此吳小姐之境遇，亦頓變為狼狽。吳俊陞之為人，極為天真本色，當日勢位隆盛時，有人詢其有財產若干，吳則豎四個指頭以答曰，除田產外，有這麼多，意即表示有現資四千萬也，吳大荷包生前攫取許多資產，不獨其本人一絲未能帶去，即其兒女，亦未得充分享受，吳俊陞地下有知，當亦悔生前之枉費工夫矣。

再可附記者，張作霖亦有女嫁於穆刺罕王之長子，已結婚矣，但這位小姐厭棄生活不同之游牧世家，終於不安於室，與之離異，在奉張當日之以女許配蒙古部落，無非貪圖資財地產耳，未暇為兒女終身打算也，可與吳小姐之身世，同發一嘆。

張景惠熱中取禍

前記張作相獨獲善終一節，附述其參謀長熙洽加入傀儡團致遭幽禁之經過，發稿後，適與一曾經目擊其事之東北老人相晤，承其談傀儡組識團之經過甚詳，特補述之。

日人之計畫併吞東北，準備已經多年，並非突發之事，加以我國內爭迭起，適予日本以迅速實行之機會，而割據東北之軍閥，更是一群糊塗蟲，豺虎早已入室，尚高臥酣睡，冥然罔覺。日本人昔年併吞琉球朝鮮之一貫作風，皆是先迫其脫離中國藩屬關係，繼乃降為被保護國，終乃變為完全殖民地，此種作風，稍有常識者，莫不知之。自馮玉祥圖發古董財，將溥儀驅逐出宮，使其落於日本人之懷抱，早已居為奇貨，作為併吞東北之過渡準備，一經實行佔領東北，傀儡團之組機，不因頑固派之活動而加工，亦不因反對派之阻擾而中止。溥儀等於籠中小鳥，飲啄由人，安有自由屈伸之餘地。當九一八事變發生之際，張學良、張作相，均逗留平津，惟張景惠、熙洽、馬占山、蘇炳文留在關外，日人佔領奉吉後，因黑龍江逼近蘇聯，不敢遽爾進佔，因以張景惠任哈爾濱特區長官，以熙洽任吉林省長官，並令張景惠在奉天召集熙洽、馬占山，舉行會議商討東北脫離中央另組政權方案，馬占山不允出席，後經日人多方督促，馬占山始行去瀋，開會之際，張景惠表示希望組織東北自治政府，熙治自以覺羅宗室，且受日人之脅誘，謂非恢復清室，組識帝國不可，馬占山極力反對，張景惠無所可否，馬占山返回黑龍江，即率所部準備反抗，逮抗戰軍事發生，馬占山、蘇炳文在黑龍江沿邊一帶，從事游擊戰，始終不變，蘇炳文則率所部移駐新疆。馬蘇二人，在抗敵史上，可與岳武穆後先媲美。熙洽、張景惠二人靠攏日本，加入偽團，結果落得被蘇聯幽禁於冰天雪地之赤塔者十餘年，今則移幽於共黨所轄之佳木斯，未必有翻身之一日，皆由於識闇而熱中，有以自取之耳！奉系之軍閥首領，得保平安者，只有張作相一人，而甘心投降於日本者，又只有張景惠一人，此皆可為大書特書之珍奇故事也。

楊宇霆起家與招禍

楊宇霆因為是東北人之故，張作霖作關外王時，對之尤為信用，所有軍事政務，一以委之。奉張雖無學識，畢竟有幾分草澤本色，對於楊宇霆，頗有用人不疑之慨，楊氏以奉張為惟一知己，以鞠躬盡瘁自矢。奉張在關外十餘年之設施，可以說全是楊宇霆之設施，奉張不過畫諾而已。楊宇霆之設施，其最為顯著者，如擴充瀋陽兵工廠，規模之大，堪稱為全國第一，廣造兵器，訓練新軍，可惜他的擴軍目的，不是防禦外侮，而是爭霸中原耳。

其次之重要設施，乃是在日本威脅之下，開通由打虎山至黑龍江鐵路，名為「洮南鐵路」，此路與日本所佔之南滿路，為並行線，曾經日人多次抗議，自洮南鐵路修通，而後東北軍隊，始能由南北滿自由運輸，在當時不能不謂為一種重要設施。惜乎楊宇霆之為人，新舊學識，皆極淺陋，內外形勢，全不了解，一意鼓動老張，向關內逞威，以求達其王吳霸越之妄想，卒之奉張死於皇姑屯之炸彈，楊宇霆亦死於非命，古語云：禍福無門，惟人自召。信不誣矣！

楊宇霆亦為雙目外露之人，與人談話，好由自己一人高談，而不詢問他人意見，此等性格之人，多半不顧環境，遇有變故，易遭危險，乃其生性使然也。老張被炸以後，小張以太子繼位自命，當老張在世時，小張對於楊宇霆，早有忌其攬權之心，及老張死後，楊宇霆深知小張難與共事，不免有另豎一幟之心，正在向小張所聞，以為遼東王位，乃我父之所手創，父死子繼，乃古來成例，況我早已兵權在手，楊宇霆竟敢不聽我命，妄思另立門戶，我不如先下手為強。於是，乃於雀戰歡會之中，命其私黨高紀毅，將楊宇霖及其心腹常蔭槐，一併擊斃。老張雖出身草澤，然一向未曾有火併同袍之事，小張竟貿然打破舊例，妄演魚藏劍，從此東北軍閥中，無一略諳日本情形之人，對於日本人之侵略要挾，應付無人，適足以促成。

張學良與西安事變

張學良之西安事變，可謂史無前例之舉動，亦可謂行同兒戲之舉動。余與小張，往還有年，頗悉其性格，綜合其造成此舉之種種因素，分誌於左：

（一）小張之魯莽滅裂，觀其火併楊宇霆一幕，即可知其大概。楊宇霆輔佐乃父多年，雖事歸失敗，不可不謂之盡心竭力，假令小張稍有人心，自當師事友事，邀與共挽危局，乃竟殺之於筵宴之中，足見其狠毒荒唐，一切可隨意行動。

（二）小張左右，皆為一班紈袴少年，無一稍有學識之士，無一略有深謀遠慮之人。其最為心賞之某少年，善彈琵琶，能唱青衫，實為天津某班之小老闆，小張竟提拔此君，作北京市長，其左右之無人，即此一端，已可概見。

（三）小張僅受中級教育，對於一切修養學術，全未問津，純為一紈袴少年，一旦繼任遼東王位，便以為天下事，無不可憑一己之喜怒，而任意為之。甚麼叫做道義謙退，甚麼叫做戰兢恐懼，全非所曉。

（四）共黨之滲入小張懷抱，已非一日，有黎某者，原係共黨份子，在北京頗為活動，後乃為小張所辦東北大學聘為教習，因此漸與小張接近，是以小張與共黨通聲氣，不始於到西安以後。

（五）奉派軍閥，一向恃在日本勢力範圍之下，資為保障。以為奉軍可以向關內進攻，關內軍隊，憚於日本干涉，不敢向關外攻擊，故視東北為根本不拔之基，一旦老巢被日人佔領，無地容身，神經刺激，不免有失常態。

（六）小張生長草澤世家，耳濡目染，視綁架勒贖，為家常便飯，一經共黨鼓動，便隨意施行。

（七）小張之施行非常綁架，最初意念，實挾有重大企圖，以為國民政府領袖一經被綁，人心必當瓦解，便可為所欲為，不難索取非常代價。後見國軍迫近西安，聲勢極盛，即令撕票，亦是同歸於盡，決不能達到要求目的。加以內外人士之多方誘勸，及共黨之縱橫手段，小張只有負荊請罪之一途。

國民政府念其中途悔悟，不用法律追咎，採用政治手段，加以幽禁，投桃報李，誰曰不宜。

張宗昌圖章傳奇

北洋軍閥的末期，剩了一群昏小子，糊鬧到底。甚麼叫做政治，甚麼叫做正義，他們滿不了解，只知此搶彼奪，成為一時風氣。結果在公的方面，則為禍國殃民；在私的方面，則為同歸於盡。時代黑暗，可謂史無前例。然若用小說眼光，觀察此輩，頗有幾分近於《水滸傳》、《三國演義》中的人物，倒是一件饒有趣味之事。

吳佩孚動輒以關羽自命，在《三國演義》中已佔了一個重要地位，他出身酸秀才，乘時得志，更想獨霸中原，在《水滸傳》中，又好似白衣秀士王倫，冒然坐上梁山泊的第一把交椅。

次就馮玉祥言之，他的性格，全與三姓家奴呂布相同，亦是一個《三國演義》中的風頭人物。

再就小遼東張學良言之，他所表演的西安綁架，可謂趙子龍全身是膽，其親自送回蔣領袖，又好似黃天霸單身拜寨，膽大於身，這位先生，在《水滸》、《三國》兩部小說中，均佔有特殊地位，可以稱之曰：「小說式的怪物」，此外還有一位純粹的《水滸傳》人物，即張宗昌是也。

張宗昌出身西伯利亞鬍子群，原係淘金鑛工，在東北鬍子中，另成一系，其粗疏魯莽，可謂道地的梁山泊人物，在一百零八位好漢中，近於李逵、魯智深一流。他是山東掖縣人，個子極高，時人呼之為「張長腿」。其狀貌眉粗眼露，面黑身肥，一望而知為草澤人物。西伯利亞為俄國屬地，張宗昌在是處遊浪多年，頗曉粗淺俄語。他在清末，即被招撫，民初曾在江南隸馮國璋部下，駐紮江西、江蘇等處，凡遊兵散卒，無不收羅，久之兵額日多，聲勢日盛，有人說張宗昌，不知其所部有人數多少，其拼命擴充勢力之作風，可以想見。

第一次奉直戰爭發生之際，張宗昌因與奉張同屬草澤出身，氣味相投，故加入奉軍戰線，戰敗以後，退出關外，奉張因欲報復曹吳，以雪會稽之恥，故扶助張宗昌在關外擴充軍隊，張宗昌乃招致謝米諾夫所率之白俄軍，收歸部下，內有重炮隊及坦克軍隊，軍容大有可觀。及第二次奉直戰事發生，因馮玉祥倒戈響應，張宗昌與李景林攻入冷口，斷絕吳佩孚後路，奉軍遂獲全勝，張宗昌之戰功，無與為比，得任山東督軍。

張出身鑛工，識字無多，得志以後，頗知留意書本，練習草書，常常為人書寫對聯，頗有筆力，有時提筆寫數十字文稿，文氣亦頗通順，最妙者，他所用張宗昌圖章，係屬漢印，漢朝亦有一個張宗昌，留下這個圖章，居然為千載以後之張宗昌所得，可謂奇蹟。他常對人自誇云：「我的圖章，在漢朝時候，已早為我鑄好，足見我張某，是生有自來的人。」聞者鬨笑曰：「漢末有黃巾賊，清末有白俄鬍，今日的張宗昌，既是白俄鬍好漢，漢朝的張宗昌，一定是黃巾賊的好漢。同聲相應，同氣相求，故這個名貴圖章，才能落到你的手中罷。」

長腿將軍的結局

北閥末期的將官，私人行動，較為規則者，第一為關岳自命之吳佩孚；第二為「倒戈將軍」馮玉祥。吳佩孚雖為一不懂政治無謀無略之人，然個人行動，頗守紀律，對於所部軍隊，亦能認真訓練，不稍鬆懈。至於馮玉祥更是披掛偽裝，布衣粗服，表示與士卒同甘共苦，又用基督教籠絡部下，訓練所部，更是異常認真。至於鬍派首領之作風，則大大不同，自張作霖以下，皆是每晚聚賭，鬧得天明，部下受其沾染，成為風氣，張宗昌更是浪漫異常，每晚聚賭而外，更廣召妓女，鬧得烏個療氣。

張宗昌並不留意蓄積資財，只是浪費浪用，時人謂張宗昌不知自己有多少家資，可謂形容恰當。張作霖尚有自知之明，肯信用一個楊宇霆。張宗昌則幕府無一智謀之士，部將皆碌碌之輩，而本人又異常粗魯，遇事任性，此等人物，欲其不遭失敗，得保首領，又安可得！

自李景林有袒護郭松齡之嫌，張作霖將其免職，而以張宗昌部下褚玉璞繼任河北督軍，此為張宗昌聲勢最盛之時，因擁護其鄉人潘復為掛名總理，潘復雖稍涉書史，但其人並無何種經綸懷抱，只是應酬做官而已。對於張宗昌之行動，不能有所匡救，未幾國民北伐軍進攻長江，聲勢極盛，縱橫家楊度遊說張宗昌，投降南軍，張已心許之矣。及張學良前往濟南，力陳南北不能合作之說，張宗昌頓翻前議，楊度幾遭殺身之禍。後來馮玉祥響應北伐軍，驅走張宗昌，任其部下韓復渠為山東督軍，張宗昌統率殘部，原擬逃赴關外，不料奉軍阻其出關，楊宇霆竟指揮奉軍與之開火，張宗昌窮無所歸，乃退住北京。假令張宗昌稍有常識，如此局勢，即當匿居租界，不問時事，乃猶野心不死，貿然前往濟南，有所活動，馮玉祥聞之，遂令韓復渠殺之於濟南車站，以張宗昌之魯莽滅裂，其身遭橫禍。固早在識者意料之中。不久之間，其部下褚玉璞，亦在煙台為劉珍吾所殺，白俄派鬍子頭，至是遂全部歸於消滅矣。

外史氏曰：張宗昌起於草澤，肆意橫行，無學無識，無謀無略，不知彼己，不顧環境，如飛蛾撲燈，不死不止。綜其一生，殺人多矣，一命償冤，又奚怨焉？

馮玉祥白晝提燈籠

馮玉祥以掮槍起家，爬到總司令，擁有數萬大軍，皆由乘隙倒戈得來，因之養成一種惟恐天下不亂的習性。一有甲乙互鬥，馮家軍便可暗中左右，取得便宜。馮玉祥布衣粗服，捧食馬尿，表示與兵士同甘共苦，世人以其外表近於左傾，遂認為他是一位接近共黨的人物，其實他對於甚麼牛克思、馬克思主義，根本說不到有何信仰，他是一個現實主義者。在北閥末期，北產黨尚未抬頭，在學界高唱馬克思主義者，為「南陳北李」之流，不過幾個筆陣書生，手無寸鐵，馮玉祥那裡肯把這班傢伙，放在眼睛角裡。

至於北方相傳馮玉祥勾通共黨之說，亦自有其原因。蓋因北伐軍在廣州成立之初，雖號稱聯俄容共，用蘇聯人鮑羅廷為顧問，北方盛傳蘇聯給予槍炮幾萬枝，作為北伐資本。因此，北方認國民軍，即是共產軍。段祺瑞所下之討共令，張作霖之捕殺李大釗，實際上即是對於北伐組識，所下之討伐令。國民軍之與共黨有別，到了清黨時期，局外人方漸漸明白耳。

馮玉祥自倒戈攻倒曹吳，自以為功高無比，乃奉張跑入關內，將河北山東一帶地盤，完全分配於奉系中人，而馮家重偈促於西北瘠苦之區，以馮玉祥之素抱野心，其不滿可以想見。適國民軍預備北伐，拉攏北方遊移份子，對於馮玉祥有所聯絡，自在意中。當時所傳馮玉祥通共之說，即是指此一重公案也。其後北伐軍向華北發展，馮玉祥策動響應，攻倒張宗昌、褚玉璞輩，馮部韓復榘，因而據有山東，石友三佔有北京，聲勢頗盛。但自北伐軍完成統一後，馮家軍不免黯然寡色，且一向惟馮命是聽之韓復榘、石友三輩，頗有單獨行動之趨向。馮玉祥遂往泰山，閒住養晦。及抗戰軍興，政府恐馮另有他圖，乃畀以高級名義，招其前往重慶，其部下韓復榘不聽中央調遣，中央誘致於武漢而誅之，相傳馮玉祥亦預聞其事。石友三則以不肯抗日，在開會時，大發其中日和平共處之說，於散會時，即為人暗殺斃命。馮家軍從此完全消滅，馮玉祥到重慶後，鬱鬱不得意，往往白晝提燈籠在街上行走，人有問其何故白晝提燈籠者？馮則答曰：「我於黑暗中求光明。」其不滿現狀之心，可以概見。

模範督軍閻錫山

辛亥革命之際，黃鶴樓頭，號炮一鳴，各省聞風響應，不數月間，西南各省，及長江一帶，遍懸革命之旗，惟北方各省，在北洋系軍隊壓迫之下，不敢有所動作。其異軍突起，首先響應者，獨有太原閻錫山一人而已。

閻氏留學日本士官學校，素抱改革思想，歸國後，在太原訓練新兵，武昌革命發動以後，山西陸巡撫，命閻氏率兵防禦某處，閻氏中途返戈，包圍撫署，陸巡撫竟於是役殉難。其子陸亮丞，前清翰林，亦留學日本士官學校，適在太原省親，亦同時遇難。當時南方各省督撫，聞革命風潮，無不抱頭鼠竄，惟陸氏父子，同時殉難，在革前史上，亦算一奇蹟。

閻氏在太原舉義後，安撫軍民，為地方紳耆所推重，掌握山西政權者，將近三十年，其在山西任內之措施特點，可以大書特書者，厥有二端：一為採用保境安民主義，不加入紛亂鬥爭，無論皖直之戰、奉直之戰、馮張之鬥，閻氏均置身事外，絕不干預，各軍閥對之，亦不起猜忌之念，從未有謀攻山西者；二為澄清吏治，當時山西吏治，稱為全國之最，有模範省之稱，閻錫山亦有模範督軍之雅號，蓋一則由於閻氏領導得宜，考核認真，二則由於不加入省外鬥爭，山西官民，皆護守秩序，安度太平生活。

當時皖直各派，此起彼落，鬧得天翻地覆，中原一帶，民不聊生，獨山西一省，如桃花源中人，不知有楚漢之爭，是以安居樂業，其治績為一時所稱道。及抗日戰起，閻氏深曉民族大義，認為保國衛民，非積極抵抗不可，乃率所部盡力作戰，殉難於太原之軍士，盈千累萬，至今談者，猶為之垂涕而道焉。

勝利以後，又值蕭牆禍起，中原陸沉，閻氏移居臺島，今已年近八旬，猶秉筆著作，時有名著問世，老而彌健，厚德載福之言，豈不信而有徵歟！余作《憶往錄》，述及北方軍閥之禍國殃民。無不聲罪致討，實為良心所激動，今敘述閻氏往事，則絕無一言片語之貶詞，足見筆者秉筆，一秉至公，毫無愛憎之見，存乎其間也。余於五年前，曾作有模範軍歌一篇，附錄於左，以為本文之結尾。

模範督軍歌

黃鶴樓頭震金鼓，黃金臺畔生禾黍。
八百諸侯會孟津，三公袁氏推盟主。
一工梟雄去逝波，紛紛豎子裂山河。
易水燕山時對壘，觸酋鑾長競干戈。
娘子重關深固閉，其中別自有天地。
黃髮垂髫遊樂鄉，桃花流水非人世。
衛文大布阜民財，黃霸循良修吏治。

不嗜殺人當世奇，模範督軍稱海內。
鯨魚拔浪滄溟開，漁陽鼙鼓動地來。
幽燕不守河汾陷，將軍怒氣吼如雷。
共嘗薪膽八年苦，終把河山萬里恢。
壯士長歌漢關曲，元戎痛飲黃龍杯。
兵戈忽起蕭牆裡，黃沙莽莽號神鬼。
三晉雲山淪赤流，十萬軍民同日死。
勞心卅載化寒煙，老淚千行灑汾水。
艱危受命莞樞機，鞠躬盡粹而已矣。
峻嶺崇山蜀道難，天南一角策鷹揚。
新陳代謝後居上，民亦勞止可小康。
我本史家董狐氏，滄桑紀錄盈千紙。
為君翻作老將歌，汗照千秋留信史。

華興會之創造秘史

梁山泊型歃血為盟

華興會之史實，歷史家已多紀述，但因未躬與其事，能傳其真相者甚少。余當年曾列名本會，且曾身經一段小說式之驚奇風波，今已事隔五十年，追憶往事，率筆記出，有如白頭宮女，閒話玄宗，當亦為留心故事者之所樂聞也。

華興會之發起人，實為楊毓麟，號篤生，湖南長沙人。在東京創刊《新湖南雜誌》，鼓吹革命，文字富有刺激性。且其人形容枯槁，顏色憔悴，大似行吟澤畔之三閭大夫。當時在留學界，頗富號召力。華興會之機構，設在上海英租界之眉壽里，當時加入本會者，人數甚少，篤生乃派蘇鳳初前往東京，大事號召，且鋪張其事，揚言本會在各方聯絡完成，指日起事，諸君何不趕速回國，共襄大事。由是余等十餘人，遂一同返國，經過長崎時，並購得手槍數十枝，放在行李之中，當時之海關，並不檢查行李，出國返國，亦不用護照，可謂行動自由之至。

余等抵滬後，全數住在眉壽里宅中，樓下設有鐵爐，製造炸彈，同人睹之，感覺危險，有移居他處者。最可異者，樓房中，大箱小箱，堆滿偽造銀幣，不可以數計。後乃知此項偽幣，即為楊篤生所籌備之革命經費，蓋因篤生同邑人龍璋，是時方任江蘇泰興縣知縣，篤生向之求助，龍璋便將拿獲之偽幣，全數贈之，實則此種粗製濫造之錫幣，一望而知為偽貨，如何能在市面使用？而篤生受之不疑，贈之者與受之者，皆可謂雙料書呆子，可發一笑。

到滬經過旬日之後，華興會始正式成立，參加者三十餘人，只是一種祕密結合，並未訂立會章，亦無領導等等名目。惟於本會成立之日，曾舉行一種梁山泊型式之特別儀式，即歃血為盟是也。誓辭亦極簡單，其誓辭云：「誓獻身革命，努力實行，如有違反，願受嚴厲制裁。」誓畢，用小刀劃破指頭，灑血於誓辭之上，儀式即告完畢。

未幾，黃克強、徐佛蘇二人，因在長沙鼓動革命，為巡撫俞三廉懸賞制錢五百串，加以通緝，因而逃難來滬，同住眉壽里。同時有郭人漳者，為湘軍名將郭嵩齡之子，方任江西統兵官，與黃克強為舊識，前來相訪，因約往觀劇，同往者，有黃克強、郭人漳、張博泉與郭之秘書趙昇，及余凡五人。是晚戲目適演梁山泊結義，大家鼓掌歡呼，極為高興，不意舞臺上表演打出手時，槍尖折斷，適落余等座中，大家為之失色。

章士釗闖了大禍

觀劇畢，黃克強邀敦人漳同到眉壽里談話，意欲勸其參加革命運動也。五人同行，抵眉壽里時，余見門外有武裝巡捕數名，持槍而立。余極為詫異，不欲入門，不料張溥泉毫無感覺，逕往扣門，巡捕問之曰：「你扣門做甚？」張溥泉則高聲答曰：「我們住在這屋裡，問我何為？」巡捕扭住其手曰：「我們等候已久，請你們同到捕房問話。」

此時我等五人，面面相窺，真是莫名其妙。及到捕房，關入看守所內，則章士釗、徐佛蘇、章陶年、蘇鳳初、周鈞諸位，已先被捕入其中。細詢究竟，始知書痴子章士釗今日竟冒冒失失，闖下了滔天大禍，牽累同人，至於此極，咸為之嘆息不已。

緣日前有安徽新少年數位，以前任院撫王之春，曾將安徽礦產售與外人，異常憤慨，因假托上海某紳士之名，邀請王之春宴會於一品香酒樓，誘之而至，擬用手槍刺殺之，其所安排之刺客荊軻，則為皖人萬福華，王之春果如約而至，偽裝請客之諸少年，出來照拂，而準備行刺之萬福華，方掏出手槍，準備開槍，不料王之春帶有保鑣，眼明手快，立將萬福華抱住，送往捕房，偽裝請客之諸少年，見事已敗露，頓時抱頭鼠竄，逃出租界，正當捕房緝拏行刺共犯之際，而書痴子章士釗見報載此事，認萬福華為荊軻、聶政之流，異常欽佩，竟於是日前往捕房，訪問萬福華，捕房詢以住在何處，章亦直率答曰：「住在眉壽里。」於是捕房將章士釗扣留，即往搜其住宅，至則滿屋堆集炸彈槍械假洋錢，認為乃一群殺人放火之大巢穴；由是將住屋中人，無分老少，一律逮捕。當搜查時，徐佛蘇恐懼萬分，匿於床鋪之下，卒亦為之拖出，徒以表示書生弱態，同人聞之，咸加鄙視。惟周鈞當搜查時，竟握槍於手，意欲拒捕，同人聞悉，莫不壯之。

捕房將我等十餘人幽禁一室，終日高談闊論，慷慨悲歌，絕無一人稍露恐懼之色。有時亦比賽拳術，消遣無聊，同人咸認余及郭人漳、黃克強為三大拳術家。郭人漳因係現任軍官，當時任上海道之袁樹勛，與郭為同邑舊識，向英領事為之交涉，得先期釋放。黃克強以身受通緝之故，恐遭引渡危險，偽裝郭人漳文案（即秘書）亦得與郭人漳同時開釋。

英國律師雄辯滔滔

東京同學，聞得同人被捕之信，湊集數百元，公推劉庚石來滬營救，並聘請一位英國律師，為之辯護。是時此海租界，方在領事裁判權時期，審判犯人，概由領事主審，雖有中國官員一人陪審，號稱會審員，然形同木偶，一言不發，當日中國官吏之無識無能，可以想見。

開庭之日，兼理檢查官之巡捕頭子，提出控訴理由有四：（一）為犯有共同謀殺之嫌疑：（二）為使用偽幣：（三）為藏有槍械炸彈：（四）為設有鐵爐，製造炸彈及偽幣。巡捕訴願畢，英律師起而質問說：「你說這批人有共同謀殺王之春之嫌疑，你能證明內中何人為共同動手之人否？若不能切實證明，則不能妄指為共同謀殺之人。且這批被捕人中，有章士釗公然前往捕房，訪問刺客萬福華，表示同情之意，若為同謀之人，方且逃避之不暇，及安肯露面訪問罪犯萬福華呢？你說這批人藏有炸彈槍械及偽幣，查眉壽里宅中，臨時寄住者，有數十人之多，所捕九人，既非戶主，你能證明犯罪物品，果係何人所藏，而以模糊影響之詞，指為被捕諸人所藏，妄加控訴，實為法律所不能允許，應請撤銷控訴，開釋無辜，以尊重英國法律之神聖尊嚴。」

這巡捕頭對於律師之嚴厲質詰，無辭以答，惟有點首稱是而已。審判結果，只有刺客萬福華，宜判有罪。周鈞以持槍在手，判處輕刑，餘人皆宣告無罪開釋。當時中國司法，尚在極端黑暗時期，假令吾等為華官所捕，只有引頸受罪而已。同人經此一場新審判之試驗，愈覺中國司法制度之改革，刻不容緩，因之專習法律者有之，不佞即其中之一人也。

華興會經此一番波折，進行為之一時停頓，創造本會之楊篤生，後來竟在英國之利物浦投海而死。參加本會著有《猛回頭》一書陳天華，亦相繼在日本青山蹈海而亡。刺激人心，頗不為小。華興會之在當時，雖不過曇花一現，然在革命史上，不能不謂為乃一種特別驚奇之過程也。

英雄兒女意纏綿

往事都作電影觀

前些時，有友人邀我觀看標名《小鳳仙》的電影片，片中的角色，是妓女小鳳仙，及革命英雄蔡鍔；此片的主角，當然是小鳳仙。觀乎《桃花扇》劇本的李香君，圓圓曲詞中的陳圓圓，絳雲樓中的柳如是，燕子樓中的關盼盼，彈琴曲中的卞玉京，藉知詩人名士，凡作曲作歌時，必須以名妓才女，點綴其間，方能增加彩色，引人入勝；今之電影劇作家，亦復沿襲這種作風，且加甚焉。

我是一個鬚髮皓然七十歲的人，看了什麼小鳳仙、大鳳仙，毫無感覺，獨看到蔡鍔等一班人物，在電影中出現，不覺頓生憶舊之情。回想彼等生前，懷抱功名野心，冒險硬幹，無論成功失敗，均不失為一代好漢，然皆是曇花一現，如夢如幻，至今思之，真是一幕電影。今人知道蔡鍔這個名字的很多，然真知蔡鍔真相的人，可謂寥寥無幾。又是時時同作竹林之遊，花下之飲的擊筑悲歌之友，特略敘述，使世人得知蔡鍔之真相。

梁門的高足

蔡鍔號松坡，湖南邵陽人，方前清戊戌維新派活動之初，蔡為一英俊少年，當時維新派學說集中之地，除上海廣東外，要以湖南為盛。因是時陳寶箴為湖南巡撫，對於維新學說，提倡甚力，既有南學會之組織，羅致地方紳士；復設立時務學堂，啟發三湘子弟，並聘請梁任公為講師，故湖南當時嚮往新潮之少年，多半為任公高足，蔡鍔即其一也。後來維新派被頑固黨打擊失敗，梁氏逃往日本，蔡鍔與其同學范源濂、李穆遠渡重洋，往依梁氏，此三人者，實為湖南留學日本之第一批學生。蔡鍔後改入士官學校，當時梁啟超，方主張君主立憲，而蔡鍔實曾加入楊毓麟組織之革命團體華興會，與梁任公之主悵，不盡相同。

在滇有了根據

前清末季的軍政，散漫零亂，達於極點，自曾國藩、李鴻章打倒洪楊以後，軍事實權，分為湘淮兩系。湘系以兩江總督為根據，淮系以北洋總督為根據。湘系自曾國荃、劉坤一死去以後，不復存在；淮系以李鴻章久任北洋總督之故，日益澎漲。當時各省皆設武備學堂，學科均極幼稚，是時日本方以陸軍稱雄東亞，我國留日第一二期之士官生，社會對之，極為珍視。蔡鍔能文章，在學校時，頗負聲譽，畢業以後，為雲貴總督李經羲，招往雲南，辦講武堂。這種邊隅軍事，當時國人對之，絕不重視；時在日本畢業者，大都投歸北京，或返本省任營長等職，獨蔡鍔遠走偏僻之區，在滇主辦軍事教育機構，不曰學校，而曰講武堂者，無非欲以速成學科，訓練低級幹部耳。蔡鍔後來之響應辛亥革命，及發動反袁軍，不放一槍，而成為當時注目之人物者，其根基實植於此講武堂三字之上。人生事業，皆為環境所造成，假令蔡鍔不習軍事，不往雲南，則斷不能有此成就，也絕不能成為今日之電影資料。

好漢出了頭

辛亥革命，各省響應，實則未放一槍，當時封疆大吏，無不抱頭鼠竄；故當時論者，稱為人心革命、時潮革命、電報革命，而非武力革命。滿清政府自曾左平定洪楊以後，始放心假兵柄與漢人，及至末年，各省競練新軍，所有新軍中下級將校，皆以漢人充之，除北洋系擁有十萬大軍外，各省新軍，七零八落，為數已不盈千滿百。按是時革命排滿之風，瀰漫所趨，不可復止。滿族中之鐵良、廕昌、良弼輩，曾在德日學習陸軍，方計畫排斥漢人，擁出少年親貴載濤、載洵輩，掌握海陸兵權，便以為高枕無憂；殊不知此輩少年，只知演《白水灘》，唱《空城計》耳，懂得什麼軍事？殆至黃鶴樓頭，高揚革命之旗，各省無不響應，自一個小營長類，而一躍成為一省大都督；蔡鍔亦是此時之風雲人物，又安肯不揭竿而起！由是鼓動講武堂之新軍將校，響應革命，蔡鍔遂一躍而為雲南都督，從此整軍經武，聲名大振，儼然六詔國王矣。此一舉也，不過時潮所趨，所謂時勢造英雄也，並非蔡鍔之獨特名劇。

離滇到燕之由來

蔡鍔在滇數年，擴充軍隊至數師之多，蔡鍔以軍人而又曉通文墨，聲譽遂大振。但以湘人而統軍雲南，久之滇籍將官，漸漸發生異視外省人之心，以為雲南都督，應當由雲南人擔任，滇籍師長唐繼堯，暗中活動尤力。蔡鍔用為師長之湘人沈汪度，被滇籍軍官所毒斃，至此，蔡鍔愈感孤立。知機其神，蔡鍔因創為革命完成解甲歸田之說，自行告退，袁世凱夙忌其聲名，聞有是舉，正合孤意，乃優加禮貌，招之北來。

蔡鍔到燕京後，袁世凱優加禮貌，授以制定之將軍名義，派在統率辦事處辦事，且派為經界局督辦，蔡鍔以異派之人，隸以袁部，雖掛上許多頭銜，實無一事可辦。

發動了倒袁軍

袁世凱之皇帝夢，其幹部段祺瑞、馮國璋，皆極端反對，蔡鍔之往雲南，發動討袁軍，實先得馮、段之默契，而後前往，蔡鍔到滇告唐繼堯以真實內幕，唐乃分兵三千人，交與蔡鍔，帶往川滇交界之處，發出討袁通電，袁世凱竟因此一氣而斃命，蔡鍔便成為倒袁成功之好漢。計其平生，兩次起兵，皆順利成功，實則未放一槍，所謂兵不血刃而大功告成也。昔人有言，識時務者為俊傑，其蔡鍔之謂耶？

小鳳仙之身世

小鳳仙為蘇幫妓女，在北里中，並無赫赫大名，蔡鍔在北京閑居時，時偕友好赴小鳳仙處，飲酒打牌，鳳仙聞其為故將軍，故特加青睞。後來傳謂二人有白頭之約，但因蔡鍔離燕赴滇，未克如願。蔡鍔倒袁成功後，不久，即因病逝世，住在北京之舊好，開會追悼，小鳳仙身著素服，前往參加，淚眼汪汪，悲不自勝。到會之人，一律注意於小鳳仙之身上，而憫其身世之不幸，由此蔡鍔與小鳳仙一段往還故事，遂成為社會上之談資，被採為電影資料焉。筆者秉筆至此，回憶往事，忽忽已逾四十年，因念歲月之不居，爰撰七絕一首，以申憶舊之情。

英雄兒女意纏綿，紅拂前身小鳳仙；
瑤樹瓊花零落盡，白頭宮女話當年。

可歌可泣話佳人

古之詩人雅士，談及佳人故事，每引西施王嫱為代表。確也名傳千古這兩位佳人，幾與聖帝賢王同傳不朽，何其盛也！

西施，原為浙江富春江畔浣紗貧女，有艷名。值越王勾踐為吳王夫差所敗，思獻美女以娛夫差；乃招之入宮，衣以錦繡，教以歌舞，納諸吳王，吳王特建館娃宮以藏之。嗣吳王勞師遠襲，於往攻齊國之際，勾踐乘其不備，攻滅吳國。由此，後人遂視西子為間諜，而以亡吳之禍嫁之，誠千古憾事！

揆夫差之敗也，實由於好大喜功，不慮近患，本與西子無關。夫差敗時，西施入吳宮已歷十載，年近三十矣，傳者謂吳亡後，蠡攜西子遊五湖，恐亦為後人附會之詞耳。

漢元帝時，有王穰者，有女名嫱，號昭君，具麗質，且聰慧能詩。王穰將其女獻諸元帝，冀邀帝王之寵幸，以攫取非常之富貴。是時元帝後宮，妃嬪數千，因有畫家毛延壽為宮人畫像之舉，由是延壽大開賄賂之門。昭君家甚貧，無力行賄，延壽遂醜之。昭君入宮數年，未得一見元帝，極為抑鬱。會匈奴王單于與漢議和通婚，帝令宮人有願嫁者自行呈報，昭君願之。臨行，元帝循例召見，覺其貌美冠後宮，何以向未一見？然反悔無及，乃遣之。後偵悉為毛延壽作梗，元帝大怒，乃斬延壽以洩憤。

昭君以絕世佳人，遠適游牧之主，為千古傷心事，後之編劇家，因編成昭君和番劇；昭君宮裝麗服，飲泣吞聲，由太監及馬夫擁之前行，俟臨塞外，則駱駝胡馬，列隊來迎，描寫塞外風光，異常迫真。及抵匈奴，單于見之，驚為天女，大悅；然昭君不樂也。乃作怨思之歌以抒恨，後世之詞曲家，因譜成昭君怨之調名以寄慨。

昭君逝後，葬於塞外；塞外遍地黃蘆，惟有昭君墓上，草色獨青，世人遂以青塚稱之。杜少陵詠昭君詩有；「獨留青塚向黃昏」之句，對昭君遠適異域之身世，深致慨嘆。

燕之瘦，環之肥，亦為騷人墨客所稱道。燕指漢之趙飛燕。飛燕以纖小稱美，有掌上可舞之稱。環即唐之楊貴妃玉環，以豐滿者艷。此兩美人，論者多認為與漢唐兩代之朝運，致有重大影響。然皆緣當時君王之昏瞶所致，而世人全歸罪於佳人，應是冤獄。

飛燕原為歌女，係成帝與富平侯張放在平陽公主家飲宴，發現歌女趙飛燕身輕善舞，為之心醉，召入宮廷，寵愛逾恒，而飛燕陰毒無比，見成帝妃嬪有孕者，輒譖殺之。民間曾有童謠云：「燕燕尾涎涎，張公子，時相見；木門倉琅根，燕飛，啄皇孫！皇孫死，燕啄矢！」此歌之所謂燕，即指趙飛燕，張公子即張放；啄皇孫係指飛燕譖殺妃嬪懷孕者。此為當時有識之士，作歌以諷成帝，用意顯然。

成帝既無嗣，王莽因得竊國機會，漢祚自是式微。

飛燕家有寶琴，名鳳凰，善彈〈歸風送遠操〉。其詞：「涼風起兮天隕霜，懷君子兮渺難志，感予心兮多慷慨。」此操或為當時之流行歌曲。飛燕特擅此琴曲耳，傳者謂飛然所作，恐未必然也。

楊玉環以豐滿稱艷，唐明皇寵之。其姊封秦國夫人，二姊封虢國夫人，當時乃有詩譏之。及其兄楊國忠為相，至是為輿論所不滿，觀杜甫〈麗人行〉一詩，末二句有「炙手可熱勢絕倫，慎勿近前丞相嗔」之語，其刺諷之深。躍然上紙，然皆為明皇所不顧，自以為「李家天下楊家相」，江山可穩，豈知安祿山稱兵謀叛，便以討伐楊國忠為名，攻入長安，明皇只得攜貴妃往四川，至馬嵬坡，禁軍憤楊國忠之招致禍亂，群起而殺之，貴妃仇之，眾乃迫明皇絞殺玉環，演成「六軍不發無奈何，婉轉娥眉馬前死」之千古憾事。

漢之外患，向擾於匈奴烏孫，時戰時和。戰則「可憐無定河邊骨，猶是深閨夢裡人」；和則每以民間美女，偽裝公主，以妻可汗，詩有：「一去紫台連溯漠」，皆極悽婉。

和番之王昭君，久已為詩人詞客所詠嘆，不意漢朝和番偽裝公主，竟有兩位才貌雙全之王昭君，真乃不可思議之事。

有細君為江都王建女，貌美能詩，第二王昭君也。漢將其遣嫁烏孫昆莫作為懷柔政策之犧牲品。細君抵西域，見昆莫年老，且言語不通，乃鬱鬱作悲愁歌以抒恨。其歌云：

吾家嫁我兮天一方，遠托異國兮烏孫王；

穹廬為室兮氈為牆，以肉為食兮酪為漿。
居常思土兮心內傷，願為黃鵠兮歸故鄉！

此歌描寫游牧生活，及懷土思歸之情，深切感人，讀之，令人低徊不已。

王湘綺風流餘韻

中國的文人學人，可分兩種，一種是有文學修養而擴大其政治抱負，得其時則建功立業，澤被蒼生，另有一種，是只講學術文章，而缺乏經綸抱負，甚至學術愈高，而於世事隔膜愈甚，晚清末季之曾國藩一流，是屬於前一類的學人，王闓運是屬於後一類的文人。

當曾國藩統率湘軍起自湖南之際，三湘能文之士，或參加幕府、或投筆從戎，莫不乘時自奮，惟有與曾左同時之王闓運，獨理頭伏案，專事著述，曾國藩輩對於王闓運，咸以書獃目之。而王先生亦目無餘子，不屑攀龍附鳳也。曾左功成名立以後，王闓運為之撰《湘軍誌》一書，表彰湘軍戰績，此等書籍，係根據當時之奏章及墓誌銘為材料而撰成，與今日之報章，成為權要之宣傳品者，如出一轍，不過文章高雅，是以能流傳一時耳。

王闓運，號壬秋，所著詩文，名曰《湘綺樓集》，世人以王湘綺稱之。湘綺之學，無所不包，上逮漢魏，一時有湘綺體之稱，湘綺曾任四川成都書院山長，後任衡州船山書院山長最久，故湘綺體之詩文，在四川有一分支，究不若湖南之普遍，在前清末季，湖南人作詩者，莫不高攀漢魏，即所謂湘綺體也。

甲午中日之戰，喪師失地，湘綺作遊仙詩八首指斥時事，是時余年十三，雖已學作詩文，然對於此等遊仙詩之用意，必先由人指出某首係指斥李鴻章，某首係指吳大澂等等，方始了然。稍長讀《湘綺樓詩文集》及《湘軍誌》，更心嚮往之，後來留學日本，與其門徒楊度等為同窗學友，時時談及湘綺之軼事，洋洋有味，聽之忘倦，到民國初元，湘綺居然做了共和政府之國史館長，到了北京，是時湘綺老人，已年逾八五矣，文酒之會，余亦時陪末座，深覺此公一言一語，均有特別風趣。

有一日，樊樊山、易實甫諸詩人，邀宴湘綺老人於前清時一向為詩人文士雅集之廣和居，湘綺老人為湘潭人，湘潭所製醬油，最為名貴，易實甫先生則為龍陽人，龍陽君為古代相傳之孌童，即舊北京之所謂相公也。龍陽縣至民初始改為漢壽縣，大概因其名稱不佳之故。當王易諸老飲宴之際，湘綺老人見了北京醬油頓起故鄉觀感，便云我走了多少地方，所食醬油，未有趕得上湘潭醬油者，實甫先生以滑稽語調之云：湘潭出將（醬將同音），湘綺老人便報以謔語云：龍陽出相（即相公），這種雅謔，可謂妙絕一時，實甫先生先開玩笑，惹得這位老人回槍一擊，弄得啼笑皆非，滿座為之大笑。

湘綺斷絃後，即以女僕周媽為事實上之繼配夫人，湘綺無論行到何處，皆以周媽相隨，起居一切，皆待以嫡體之禮。接待賓客，概所不避。但一家內外，仍以周媽稱之，湘綺為一代名士，由是周媽之名，亦傳徧一時，凡談及湘綺老人者，莫不連帶談到周媽，亦趣事也。

湘綺平生愛才若渴，見有貧困而具有才智之人，無不多方以成就之。有一日湘綺訪問同里某君，適是宅方雇木匠作嫁裝，湘綺見一少年木匠，一面雕刻，一面翻書，湘綺閱其書，乃所著之《湘綺樓詩文集》也。便問之云：你能了解否？少年木匠乃將其詩文之名貴要點，一一指出。湘綺大為詫異，語之云：你有如此天才，何不從師求學，以期有成乎？少年木匠則答云：我久欲拜求名師指教，但苦家貧無力納束修耳。湘綺曰：你便拜我為師可耳。如是這個青年木匠，便伏三拜，請拜門受業，由是這個青年，便由木匠一躍而成為湘綺門徒，這個青年木匠為誰，即後來成為鼎鼎大名之名畫家齊白石是也。白石自入湘綺門牆後，詩文一切，雖皆有成就，然素為雕刻匠出身，對於書畫刻石，嗜好尤深，極力研求，後來遂成為名畫家及名金石家。白石於民初到北京賣畫，每畫扇一柄，只收酬金一元，旋有日本藝術家見之，大為欣賞，便以高價買其畫數十張，攜往日本，展覽出售，日人爭購，陸續為之推銷者，不下數千張。白石之畫，由此價格愈高，窮木匠便一變而為大富翁，且享九四高壽，其文雅根底，皆出湘綺老人之成就。

湘綺門下特殊人士，除木匠畫家齊白石外，尚有鐵匠詩人，此人為張正暘，為湘綺同里人，家貧，幼習鐵工，然幼在蒙童館，亦曾讀過《千家詩》等書，性喜吟詠，每一面拉風爐，一面吟詠，久之居然成章，鄉人有以小鐵匠之詩，告詩湘綺者，湘綺召之至，詢以所學，小鐵匠應答如流，湘綺極為欣賞，詢以是否願捨工就讀，張答云：小子於學問一道，寢寐不忍，但苦於家貧，無力負笈從師耳。湘綺云：以汝之天姿聰穎，而又苦心向學，必有成就，你可即來我處讀書，一日三餐，由我家供給可耳，由是這個窮鐵匠遂與一班貴士高才，同列湘綺門牆。張君以家貧苦讀，勤勉異常，不數年間，學問大進，不獨能作湘綺體之詩文，且能傳其經學，旋中鄉舉，清

遼東王張作霖外傳

食古不化的人，談到漢祖唐宗，便稱之為英雄豪傑，崇拜羨慕不置；談到張獻忠、李自成，便稱之為流寇盜魁，鄙夷唾罵不已。自達人觀之，英雄即盜賊也；盜賊即英雄也。其驅使人民，死於戰爭，犧牲性命，以達其爭權奪利之目的，無不相同。不過成就有大小，實則盜賊之與英雄，特名稱之區別耳。古代哲學家，莊子有言曰：大盜盜國，小盜盜篋。又曰：聖人不死，大盜不止。幾乎把聖人亦看作大盜，可發一笑。

中國歷史上之盜魁故事極多，記不勝記，其中最古而最著名者，為春秋時代之盜跖。他說盜亦有道，訓示其徒黨，必須具備聖勇義知仁五項條件，方足為大盜，此可稱為盜魁之開山祖師。其次則為宋代之梁山泊，宋史載劇盜宋江等三十六人，橫行河朔，明朝之施耐菴，根據史實，加以鋪張，撰為《水滸傳》小說，將一班強盜，寫得忠肝義膽，成為武俠之流，所稱一百零八個好漢者，無非將三十六人，擴充三倍，此乃小說作家之慣技也。再其次則為海寇故事，明末閩粵沿海一帶，海寇橫行，鄭芝龍曾充海盜之魁，後受招撫，其子鄭成功，效忠故國建國臺灣，督率部下，從事開墾，建有開闢臺灣之偉績；至今賴之。清末政治廢弛，紅鬍子橫行東北，產生了一位遼東王，可謂無人不知，我是一個久在東北之老鬍子，知之更為深透，茶餘酒後，隨意筆談，俾世人得知真相。

東北鬍子，分為三派，一為南滿派、二為北滿派、三為西伯利亞派。南滿派鬍子，皆係大股，數百數千為群，凡充鬍子頭目者，必須備有購買數百千枝步槍之資金，方有充任頭目的資格。南滿派鬍子之作風，並不亂搶亂殺，亦不擄人勒贖，其收入是收取買路費及保險費，間有搶劫，亦必為被搶者，酌留旅費，對於貧窮之人，絕不欺侮，大有梁山泊之作風。北滿派，則全係小股，數十為群，亂搶亂殺，絕無人性。西伯利亞派，在俄國屬地，多為礦工、頭目，多習俄語，亦係大股組織。後來任山東督軍，號為狗肉將軍之張宗昌，即為西伯利亞鬍子出身，故其部隊，擁有俄國坦克車隊，即由於此。

張作霖，在清末盛京將軍之招撫，任為師長，鬍子軍一變而為正式部隊，辛亥革命之際，張作霖響應革命，驅逐東三省總督，取而代之，並以鬍軍老友吳俊陞任黑龍江督軍，張作相任吉林督軍，整個東三省，便變為紅鬍子世界。張作霖從此做事實上之遼東王者，十餘年，張作霖出身鬍子，固不知政治為何事，然其人並不剛愎自用，頗能擇人而用，信用異常，當年為張作霖主持軍事外交者，為留日士官出身之楊宇霆，張作霖但把握軍事用人之權，不肯放鬆，其他行政事件，全由楊宇霆處理，概不過問，故當年之東北行政效率，並不低於關內各省；且建設一切，皆有可觀。假使張作霖安分守己，保境安民，不向關內生事，則他的王位寶座，或可多保持數年，亦屬意中之事。無奈張作霖出身青紗帳（東北稱高粱為青紗帳，鬍子藏匿其中），自以為我以數百人起家，做了遼東王，今擁有軍隊數十萬，何難向關內發展，做一個中原帝皇。乃一次進關，為直系所敗，更不服氣，遂勾結馮玉祥為內應，再有二次進攻關內之舉，將一個賄選總統曹錕打倒，在北京自稱大元帥，可謂志得意滿之至，而不知他日之粉骨碎身，即種因於此，日本人之視東北為囊中物，由來已久，所謂臥榻之側，早已為他人酣睡矣。乃張作霖及其左右，全無感覺，其招致凶禍，皆咎由自取，不必怨人也。張作霖二次入關得勢以後，滿以為南面稱王，指顧間事，豈料異軍特起，強中更有強中手，北方軍隊，節節失敗，張作霖以為尚有老家可歸，何妨安返故鄉，再過遼東王生活！不圖虎視眈眈之日本人，不欲其再返遼東，有礙吞併，乃布置炸彈，於皇姑屯車站鐵橋之下，俟其火車經過鐵橋時，霹靂一聲，將張作霖、吳俊陞二人，同時炸斃，遼東王，竟作如斯結局。海內聞之，有稱快者，亦有傷之者。稱快之人，則謂殺人放火之鬍子頭，應受此報；傷之者，則謂日人忌之，至於如此，亦足見其抵抗外侮之誠心，故給予同情也。

張作霖北人南相，身軀不甚高大，並非如世人所想像的紅鬍子面目，但有一異相，目光閃閃，暴露白光，依據相術家之言，雙目露光或雙目外露，為招凶之相。此種相理，並非迷信之言，依生理性格言之大凡雙目露光，雙目外露之人，性多兇橫，不顧環境，果掌兵權，易遭橫禍，良尤其生性使然，有以招致之耳。

日本人之炸死張作霖，其用意有二：一則激於奉張拒絕其開通吉會鐵路聯絡線之要求，以資報復。二則欲炸斃東北頭腦，化整為零，以便併吞東北計畫之施行。自正面言之，奉張之死於皇姑屯，可以稱之曰為國捐軀；而自在關內戰爭舉動言之，亦可謂之曰冤冤相報。唐人詩云：「一將功成萬骨枯」，此對於防邊之成功猛將而傷之耳，若對於無名戰爭之輩，如張作霖之兩次出兵關內，更不知如何傷感，宜其受此惡報也。

張作霖被日人炸死之原因，世人知之者絕少，當奉張稱大元帥於北京時，余與故友邵瑞彭，同訪楊宇霆。楊告余等曰：現在南軍數路並進，形式岌岌可危，不料日人乘人之危，提出要求，讓彼修築自朝鮮會理州達於吉林敦化間之一段重要鐵路，以便利軍事上之運輸，余與雨帥，以此路關係東北後防，加以拒絕。現在日本公使芳澤謙吉，在余處守候兩晝夜不去，且有截斷奉軍歸路之言，事態異常嚴重，公等之意，以為何如。余與邵君異口同聲，主張拒絕到底，不料奉張竟因此遭皇姑之禍，此為日本侵華秘史之一，當日報章並無記載，今日知之者，除余而外，想已無第二人矣！

與張作霖同時被炸之吳俊陞，混名吳大舌頭，為鬍子軍四大巨頭之一，奉張駐北京時，吳俊陞原在關外，看守老家，張作霖退歸關外，吳俊陞遠道相迎，不料竟同遭皇姑屯之禍，張吳二人，可以說得上生死患難之交矣。吳俊陞得志以後，購置田產，至於兩縣之多，遇炸而死，多田何用！吳大舌頭喜藏漢玉，腰繫一帶；漢玉累累如貫珠，每揭衣示人曰：你看這些漢玉，好不好，鄙樸之狀，頗為有趣。吳俊陞因貪圖蒙古王之田地，將其女許配於蒙王之子，以荒地六十萬頃，為定婚禮品，後來吳小姐大了，進了學校，不肯作遠嫁異域之王昭君，要求退婚，後採自由結婚，與一江蘇男子結合。吳死後，關內外遭日本侵略之戰，所有田產，不能管業，所藏珍玩寶玉，由其子吳泰來乘飛機運往香港，復失事落海，化為烏有，可以為多藏厚亡之戒。張作霖亦曾將其長女許配於蒙古穆剌罕王之子，已結婚矣。此女不安於塞外之游牧生活，後亦與之離婚，吳張二女，同一遭過，亦可以同發一嘆。

張作霖死後，張學良以繼任遼東王自居，旋為日本人所威脅，不准其駐軍華北，只得移駐陝西，乃竟輕舉妄動，鬧出驚險異常之西安事變。余嘗撰文評之云，張學良之為人，可謂富有歷史性、亦可謂富有戲劇性，曾作少年統軍之孫郎，曾作父死子繼之遼東王，曾喪失數千里江山於掌握之中，曾為右傾之軍閥首領，曾為左傾之聯共將軍，曾為欲報父仇之孝子，曾為干犯主將之暴徒，曾為負荊請罪之好漢。其受制裁也，復依古代罪官之例，安置於山明水靜之鄉，其遭遇之別致，行徑之離奇，均為古今所罕見。余自張君少帥時代，即有往還，於其父子之盛衰成敗，均所目睹。張君個性，尤所深知，分析言之，因素有五：一、生長關東，具有塞上健兒之風，舉動流於孟浪。二、為少年得意之公子，不識人間艱苦。三、羨慕新潮，未嘗學問。四、缺乏師友，無從受益。五、秉性高亢，輕斷寡謀。余昔與周旋時，見其左右，居皆淺薄少年，無一老成有學識之人。古語云：帝者與師處，王者與友處，亡國之君與奴處，其失敗也宜矣。張氏燕居之際，每以談學談政為嫌，余嘗見其拆閱數函，僅閱姓名而已，余笑語云：古人一目十行，君乃一目十頁，可謂才過古人矣。小張云：向來所接函件，前半段總是談公，後半段總是自謀其私。余曰：君何不採納其前半段而退還其後半段耶？又有一次，張氏語余云，事到吾前，當機立斷，毫不猶豫。余曰：果斷固是天才，但古人所云，房謀杜斷者，以其先有房之謀，後乃有賴於杜之斷耳。若無房謀，僅有杜斷，乃無謀之輕斷耳。孰知小張之一生，竟誤於無謀輕斷之一語耶？

小遼東張學良外傳

前面寫的一篇遼東王張作霖外傳，略敘其身世，及死於皇姑屯炸彈之秘史，張氏出身草澤，稱王遼東者十有餘年，自古代個人主義言之，即勉強稱之為草澤英雄，亦無不可，其死於皇姑屯也，乃為肆意侵略之日本人所暗算，又可稱之為死於國難，其為人及其所成就，雖無足觀，然一生行徑，尚稱平穩，草澤中乃有此人，總算難得。我國古代史家對於繼承王位失敗之人，稱之為後主，如陳後主、李後主之流皆是，陳後主、李後主雖為亡國之君，然皆為詞曲名家，陳後主之〈玉樹後庭花曲〉，李後主之「流水落花春去也，天上人間」之詞，為文人所艷稱，流傳後世，至今不絕。繼承遼東王位而失之張學良，亦可戲稱之為張後主，但這位張後主，不懂文學，將其與陳李兩後主並列，實有不稱，然張後主曾有過一場驚險異常之荒謬行動，成為歷史上之奇特故事，則堪與陳李兩後主並傳不朽，可發一笑。

當張作霖稱王遼東時，部下對之稱為老將，對張學良則稱為少帥，社會一般人則稱之為小張，小張生於草澤家庭，僅受淺薄軍事教育，老張稱王遼東，頭腦腐舊，當然一意扶植小張，以為未來王位之繼承人，故小張在弱冠之年，即統領軍隊，因而有少帥之稱。小張見乃父以數百杖破槍起家，稱王遼東，自以為才智過乃父，視天下事，可以任己之意，為所欲為，毫無困難，輕舉妄動之習，自幼即已養成。老張平日將一切行政事務，交諸參謀長楊宇霆，晚間惟以牌賭為事，然所與遊戲者，皆為年歲相當之舊部。小張耳濡目染，亦以牌賭為事，而以弱冠之年，自然喜少厭老，其左右皆為一班紈袴少年，無一具有學識之人。小張因之目空一切，什麼叫做帷幄人才，什麼叫做禮賢下士，什麼叫做古今學術，什麼叫做新舊政治，什麼叫做內政外交，慨非所知，亦毫不留意。除一往直前，爭取權勢外，只有通宵達旦，遊戲作樂而已。老張攻倒曹錕，自稱大元帥於北平，小張亦統率所部，駐軍金臺，氣勢之強，更駕老張而上之。當時河北山東諸省，皆分配於同攻入關之李景林、張宗昌輩，老張在關內所能指揮者，只有北平一隅，北平市長，乃小張所派用，所用之人即為其少年幕僚，其人出身天津娼妓老闆之家庭，善拉胡琴，唱青衫戲，頗似故都名伶陳石頭之聲調，小張深喜之，因派任首都市長，當時舊京社會，傳為談資，此可見小張當日求賢若渴之一斑矣。

小張學習軍事時，任東北年校校長者為郭松齡，因之郭松齡與小張之間，情感日洽，小張為之進言於老張，遂得統率一軍，進攻關內直系時，奉軍統領李景林、張宗昌、褚玉璞輩，皆分據地盤，南面稱王，惟郭松齡一軍，羈留東北，未加入前方作戰，故未能取得封疆之任，極為鬱抑，會有失意政客林長民、李孟魯、楊琵君三人，初擬投入老張懷抱，老張置之不理，後乃經人介紹，為郭松齡所延聘，林長民曾任眾議院秘書長，自命不凡，李楊二人，皆能文章，楊琵君貌似梅蘭芳，有美才子之稱，三人參加郭松齡幕府後，時勸其改變鬍軍作風，另樹一幟，郭松齡之意志，漸為動搖，是時國民軍方北伐進攻，適奉直軍閥，互相攻擊無從抵禦，故北伐軍節節勝利，如入無人之境，北閥軍心，大為搖動，郭松齡遂乘機在關外宣布獨立，當時奉軍只有吳俊升少數步隊，留在關外，無由抵抗，日本人早已視東北為囊中物，疑郭松齡之獨立，係響應南方，深恐南軍得勢，統一東北，有礙其未來之吞併，遂命駐東北之日人，假裝奉軍，突然攻擊郭軍，郭軍全軍覆沒，郭松齡遂死於是役，林長民亦與之俱死。李孟魯、楊瑟君幸而逃生，但後來楊瑟君又依附褚玉璞於煙台，終於受馮玉祥部下之攻擊，與褚俱死。林楊二人，在當時頗有文名，乃不甘寂寞，不擇地而棲，皆死於亂軍之中，可歎亦復可憐矣。小張從此對於智識份子，概加以「靠不住」三字，敬而遠之，當老張被炸死於皇姑屯之日，小張尚留駐北平，及接到電報，對於部下秘不宣布，即日專車返回東北，平時在火車中，皆與其少年伴侶，遊談終日，獨此次乘車，臥在室中托病不出，車抵奉天，恐罹慘禍，不敢再經過南滿路線之皇姑屯矣。

小張返遼東後，不久即宣布繼續承王位，對於老張舊屬，其唯一猜忌之人，為老張參謀長楊宇霆，楊為留日士官學校出身之人，雖不脫軍閥氣習，比之鬍軍各首領，較有國家常識，自參加鬍軍後，老張對之異常信任，所有內政外交，尤其一手主持，十餘年來，老張得以安居遼東王位者，得楊宇霆輔助之力居多，假令小張稍有常識，對於楊氏應當念其輔佐乃父之勞，以師友視之，不意小張乃忌其曾握大權，恐其不服指揮，竟以邀宴為名而殺之於牌桌之上，其秉性之躁暴，即此一端，可以表露無餘。假令小張不殺楊宇霆，尤其應付日本，或者日本之吞併行動可以稍緩須臾，亦非不可能之事。乃小張染習盜風，隨意殘殺，秉性如此，又安得不釀成後來之西安亂舉耶！

自國民軍統一南北，在南京建立政府，青天白日之國旗，已飛揚全國，唯獨東北尚懸掛五色國旗，未遽卸下，國民政府乃派遣專使，前往東北，與小張接洽，勸其改懸青天白日旗，以完成國家之統一。日人聞之，恐中國統一以後，有礙其吞併東北之陰謀，亦派特使前來東北，加以阻止。所派特使某者，曾在東北鐵路服務多年，與老張相識，由日本啟程時，向新聞界發表談話云，我與張故將軍，乃多年舊交，到東北見了世姪張學良，一敘兩代世交之誼，張學良必當拒絕南京政府之聯絡，改走親日路線矣。意若謂張學良不知乃父之死，係出於日本人之暗算者，此類官話，抑何可笑。

倒戈將軍馮玉祥小傳

（一）北方軍閥末期的兩怪物

北方軍閥的末期，出了兩個怪物，一個是關岳自命的吳佩孚，一個就是「倒戈將軍」馮玉祥。那位吳關岳，是山東一個村秀才出身，生長在孔子的故鄉，讀了一點四書五經，原應當以孔子自命才對，但是他在半途裡作了軍人，開口不離本行，便以關羽、岳飛自命，一時有關岳將軍的雅號。彼亦居之不疑，可惜他那位主爺爺曹錕，庸碌無能到了萬分，哪裡比得上劉先主呢，況且這位吳關岳自經一戰而打倒了腐壞不堪的段祺瑞以後，便虎據洛陽，高視闊步目空一切，又發動二次奉直戰爭，被「倒戈將軍」馮玉祥暗中一槍，殺得片甲不留，從此他便以岳飛自命，聲言不投降、不走外國、不入租界，這便是他失敗以後，所採的三不主義。後來日本人佔據了華北，他依舊住在北京，也不走動，也不投降，想在日本人的鐵蹄底下，做一個南山射虎的故將軍，終於為日本人所忌，藉醫治牙疾的機會，暗令醫生注射毒針，將他送上西天，他一生作風，可稱笨伯，但是硬骨頭硬到底，也算是難得的了。

至於提到這位「倒戈將軍」馮玉祥，那就怪而又怪了，總其一生行徑，他的堅忍刻苦，好似臥薪嚐膽的越王勾踐，他的倒戈反復，好似三國時三姓家奴的呂布，他的偽裝偽善，好似未得志時的王莽，他的陰險詭譎，好似曹操、司馬仲達，他的左傾形式，好似史達林，他的右傾形式，又好似希特勒，不但其一生行動，怪特之至，即其臨死的一幕，亦復異常驚險，令世人發生了不少的懷疑與揣測，真不失為傳奇式的怪物。

（二）殺人魔王的外甥

我初次與馮玉祥見面，是在他舅父陸建章宅中，我與友人顧巨六正和陸建章談話的時候，見一個粗眉大眼身著灰色粗布武裝的大兵，昂然而入，陸建章躺在坑上，抽他的大煙，全不理會，惟顧巨六則起身招呼，並介紹云：這是馮旅長，余亦照例點頭而已，及與顧巨六同車返寓，乃語余云：這個大漢子，叫做馮玉祥，現任混成旅長，駐紮廊坊，他是陸建章的外甥，其人雖為粗魯武夫，而肯與兵士同甘共苦，好似一個有作為的軍人。由是這馮玉祥三個字，稍稍引起了我的注意。其後馮玉祥駐兵南苑，張紹曾任國務總理，馮以部屬，常到張處，我以新聞業務關係，亦時到張處，屢與馮氏晤談，因此對於這位怪漢的性情，漸漸的認識清楚，並聽得曾與馮氏共事的呂均、蔡達生兩君言，其軼事甚詳，留在後面，細細敘述。今先將馮氏舅父陸建章的為人，略說一點，俗語云：外甥多似舅，馮王祥雖不完全像陸建章，但其同為怪人，則是一模一樣。陸為淮系軍人，出身行伍，前清末年，曾任山東的曹州總兵官，曹州為《水滸傳》梁山泊所在的地方，向有盜藪之稱。袁世凱為山東巡撫時，薦陸為曹州鎮總兵，假以治盜的權柄，陸於是大施屠伯手段，數年之間，強盜是殺完了，但是良民老百姓，也不知被殺了幾萬幾千，大為袁世凱所賞，後來袁世凱做了總統，便挑選陸建章做一個軍政執法處長。袁所用的特務頭子，實為趙秉鈞，而陸建章則為其爪牙，一時有殺人魔王之稱，惡人有惡報，陸建章終於不得其死，詳情述在冤冤相報一節之內，可見馮玉祥的怪模怪樣，陰險作風，其來有自。

（三）三個父親的馮部官兵

北方軍閥的師長旅長，無不以暗減兵數，為發財的妙計，名之曰吃缺，獨馮玉祥充任混成旅長時，其作風即與一般旅長，大大不同，按照當時編制規章，混成旅稱為獨立旅，不受師長管轄，兵額不過四千人，而馮玉祥卻私自擴充，致有七八千人之多，足見其在作師旅長的時候，早已存有一種非常的野心，其統率軍隊，利用耶穌教為麻醉工具，在其部下的將官兵士，一律須入耶穌教。馮在軍中，便取得主將兼主教的雙重資格，馮氏接見部下，有一種特別儀式，部屬進謁時，先行立正，馮氏則叫口令云，你有幾個父親，部屬則答云，有三個，馮又問云，那三個，部屬則又答云，上帝、大帥、生身父母，必先舉行這種儀式，方可說到別的事情。這種淺薄的口號，雖似乎令人發笑，然對於未受教育的愚昧兵士們，亦不無幾分效果，當時馮軍的兵士，確乎風氣特別非常服從，所到的地方，絕不騷擾百姓，與普通北閥部隊的風紀，不可同日而語。

（四）馮玉祥吃馬尿

馮玉祥一生披掛偽裝，作偽到底，尤其出身行伍，心無點墨，以為天下英雄，均是小巧小偽作成的，固不足登大雅之堂，惟馮氏以偽裝手段，施之於下級兵士之中，表示其同甘共苦的作風，往往有古名將所不及的地方。馮時常一人親至兵士帳中，視之如家人父子，見兵士們方坐地而食，馮便告兵士們云，好極了我正餓了，即加入飯團，粗飯青菜，吃一個飽，兵士們皆以為大帥果與我們同甘共苦呢，又有時同兵士出外，見馬方拉尿，他便呼渴極了，即以兩手捧馬尿而飲，連聲呼曰佳佳，兵士們見了，皆以為大帥真能吃我們兵士所不能吃的苦啊，這等方法，為馮氏對於兵士們慣用的小詐術，久假不歸，馮氏一生，遂化成一個完全的偽裝人。

（五）馮家軍特別作風

古昔時代，不知有近代的國家觀念，將軍隊視作私人的所有物，遂有楊家軍，岳家軍等等稱呼。馮玉祥出身行伍，雖抱有一種出風頭的野心，那裡知道什麼國家、什麼主義，其組織軍隊，完全視作一種私有物，可以沿用古來的稱謂，稱之曰馮家軍，亦無不可。馮正自以由兵士出身，他的部屬將官，非出身行伍的人，莫肯採用，並且非出身馮家軍的兵士，莫肯重用，至於由學校出身的軍人，至多不過任以參謀等職的虛名，決不假以兵柄。其意以為必須隨我多年，飽經馮家軍的訓練，方能放心，故馮軍高級將官，如韓復榘、石友三、宋哲元輩，莫不是在馮軍當過兵士的人，但到了後來，韓、石之流；羽翼已成，莫不各據一方，不再聽馮玉祥的號令。馮玉祥只好閑住泰山，作一個南山射虎的故將軍。蓋他的部下，既未受高深教育，不知道什麼叫做道德信義，他們看見他的大帥，倒來倒去，心習已成，一旦羽毛豐滿，皆欲倣效他的那套本事，出出風頭，又誰肯服從到底呢。

（六）馮李結合的大媒婆

現在向共黨靠攏了的馮玉祥的故妻李德全，在未與馮氏結合前，原充北京青年會女幹事，這個婦人，雖說是一個極喜活動，羨慕虛榮的女流，然未必便看上了這個粗眉大眼的老兵，他們兩個的婚姻結合，實有兩個大媒婆，就是黃郛與王正廷，這兩位先生，往年在北方軍閥末期中，大為活動，有的做外交總長，有的做督辦，皆是以拉攏軍閥，作他們的做官資本的，那個時候，馮王祥統率五六萬軍隊，駐紮北京城外的南苑，聲勢赫赫，炙手可熱，馮為清教信徒，有基督將軍的稱呼，王正廷亦為清教徒之一，黃郛雖非教徒，而其夫人，卻是信仰耶教的，由是黃王二氏，便利用宗教關係，從中撮合，完成了馮李的婚姻大事，黃王二氏，也從此有了倚靠，在北閥中活躍一時，這種內幕新聞，我這老報人，知之甚詳。

（七）倒戈劇中最緊張一幕

北方軍閥的末期，軍事失去重心，政治沒有組織，簡直成了一群昏小子的胡鬧世界，這個時候，有演全武行的，則為張作霖、吳佩孚一流，有演丑腳戲的，則為馮玉祥一流。張吳一班軍閥，是硬紮硬打，在戰場上見個勝員，馮王祥則一生從未打過硬仗，總是倒來倒去，爭取便宜。據說他平生倒戈次數，大大小小，不下四五次，而其中最緊張的，要算以明附直系，暗通奉系一幕，最為精彩，當時奉軍發動報復戰爭，向關內進攻，吳佩孚出馬抵擋，自擋山海關一面的正路，而以馮玉祥抵擋熱河一面，馮玉祥在路上遲遲平行，沿途修築車路，異常認真，蓋馮氏與奉系早經聯絡好了，所以修路者，特以準備倒戈時軍行迅速，馬上可以奪取北京耳。而曹錕、吳佩孚睡在鼓中，毫無感覺，準備完成以後，馮玉祥便率領所部，於夜間潛回北京，將一個賄選總統曹錕，包圍在睡夢之中，而奉軍同時數路向關內進發，由是吳佩孚遂陷於前後被攻的苦境，殺得片甲不留，這個關岳自命的吳佩孚，被馮玉祥暗中一箭，半世英名，收拾得乾乾淨淨，軍閥們的鬥爭，固無順逆之分，只是馮玉祥的倒來倒去，未免次數太多了。

（八）高列豪門第二之由來

馮玉祥在帶兵時期，穿粗布衣，吃糙米飯，兵士的實際數額，遠遠超過於規定的實額以上，所領的軍餉，全數發給部隊，絕無貪污的名聲。乃前些年數，外國報章，有一種記載，據稱中國人在美國銀行存款最多的，共有九名，而馮玉祥的大名，居然高高列在第二位，豈非奇聞怪聞麼，殊不知這種記載，是有其來由的。你們尚記得馮玉祥在北京，曾演過一次驅逐溥儀出宮的逼宮戲劇麼，那裡曉得這一舉動，並不是為了要剷除滿清皇室的根株，而是另有目的，換句話說，這一舉動，不是政治目的，而是經濟目的。因為滿清皇室，宰制中國三百年，皇宮中所積存的古董玩品，周鼎殷盤，歷代名人字畫，以及各種珍寶，不知其數，曾有幾位想發古董財的政客，對馮加以慫恿，馮遂憑藉武力，將溥儀驅逐出宮。溥儀只得單身逃入東交民巷的日本使館，所遺下的全部古玩，除將中下品，放在古物保存所外，其餘珍貴名品，則全為馮氏所得，那幾位事先慫恿的政容，亦分給了一小部分。後來這些古董，均全數運往美國及英法諸國出售，由是馮玉祥便由軍事家，一變而為古董商了，美國報章並曾給馮玉祥加上古董商人的稱謂，後來那幾位政客所得的一部分古物，由蕭某運往法國時，經過某國，並曾被扣留一次，報章亦有記載，不過年代久了，今日詳知其事的，想已無多人了。馮玉祥後來因部下各幹各的軍事力量，雖削減完了，但在美國的財產確是不少，馮氏曾一度前往美國，聞亦由於要安置這項財產之故，後來馮氏死在蘇聯輪船之中，這筆大存款，今日不知落在何人的手中。

（九）反宗教的戀愛史

馮玉祥為一個清教徒，原應遵守一夫一妻制才對，他抗戰時在重慶，曾發生過一次反宗教的戀愛史，足見他的宗教信仰，並不堅強，更是證明其平日裝模作樣，全為偽託。緣他舊部韓復榘有甥女某女子，到重慶謀點職，不斷的出入馮氏之門，馮以六十老翁，一見傾心，發生戀愛，經其妻李德全的嚴厲反對，不能挽回馮氏的癡念頭，李氏乃哭訴於重慶的馮氏舊部，諸舊部乃共向馮氏，提出抗議，謂大帥如此行為，顯然違反宗教信條，將遭世人唾罵，我系將不能在政界立足了。馮氏聞之，怒曰，我不要做官，部下諸人亦怒曰，你老不要做官，我們卻要吃飯，你老不要以一個女子，來犧牲多數部下，馮氏雖經多數部下的集體抗議，然癡心猶不為改移。由是李德全乃與馮氏舊部密謀，以威力脅迫那位女子離開重慶，那女子到了湖北的老河口，又為馮氏派人接回，後來李德全再與馮氏舊部不知用了何種方法，那女子竟不能在重慶立足，一對老少鴛鴦終於被拆散了，白香山詩云：「天長地久有時盡，此恨綿綿無盡期」，假令馮玉祥懂點文學，則讀到這兩句詩的時候，當發生無限的感慨。

（十）是一個畢生不滿現狀的人

馮王祥對於部下進謁的時候，有三個父親的口號，業已寫在前面，他對於兒子，亦有一種特別的口號，早晚看見兒子，必問他云，你的祖父是做什麼的，兒子則答曰，做瓦匠，再問兒子云，你的父親是做什麼的，兒子則答曰，當大兵，再問兒子云，你要做什麼事，兒子則答云，我要做瓦匠、當大兵。觀此等口號，與其平日布衣粗食的作風，似乎近於左傾一流，其實並不如是，因為他自以為出身工人家庭，要極力做一個出頭的人物，以洩其幼年貧困之憤，並非迷信什麼牛克思、馬克思的。察其平生個性，與其說為模倣史達林，毋寧說是模倣希特勒，觀其對於部下的控制防閑，在在可以表現其為近於法西斯的獨裁者。他是一個畢生不滿現狀的人，他在北方，不滿於北方的同袍，他到了重慶，又不滿於重慶的當局，總之勢力比他大一點的人，總是對他不滿的，他在重慶的時候，有時候白晝提了燈籠在街上行走，有人問他提了燈籠做什麼，他則答云，我在黑暗中求光明，其不滿現狀之意，顯然的表現出來，假令他至今不死，靠攏了共黨，並必不滿現狀，而不能相容。

（十一）冤冤相報的總結果

在今日科學發達的時期，說冤冤相報，已是神話，而說馮玉祥之死，是事隔三十餘年刺殺宋教仁案冤冤相報的總結束，豈非奇又奇麼？然事有湊巧，雖欲不說是冤冤相報而不可得。人人都知道袁世凱時代，刺殺宋教仁一案，是趙秉鈞的主動，而為之聯絡上海流氓應夔丞的，是洪述祖，而動手行刺的，則是武士英，武士英當場被捕，關在上海的捕房，應夔丞恐武士英供出指使的人，牽涉到本人身上，遂買通捕房，將武士英暗中毒死，此為冤冤相報的第一個。自刺宋案發生，南方責難紛起，洪述祖在青島被捕，經法院判處死刑，此為冤冤相報的第二個。其後袁世凱兵力達於南方，應夔丞便公然出面，前往北京，以毀宋酬勛為名，向趙秉鈞要求三事：一要給他酬金一百萬元，二要給他一個陸軍中將，三要給他一個勛二位，趙秉鈞見應夔丞公然出面，恐遭世人指責，遂命陸建章殺之滅口。陸命部下郝占奎，刺殺應夔丞於平津火車臥車之中，此為冤冤相報的第三個。趙秉鈞旋被人毒斃於直隸省長公署，此為冤冤相報的第四個。後來陸建章做了陝西督軍，攜帶郝占奎赴陝，藉故殺之滅口，此為冤冤相報的第五個。陸建章旋為徐樹錚系的陳樹藩所驅逐，於是徐陸交惡，後來徐樹錚統軍，駐兵北平城外，將故誘陸建章到其駐地而殺之，此為冤冤相報的第六個。陸建章為馮玉祥的舅父，及馮氏得勢，遂命張之江殺徐樹錚於平津路的廊房車站，為乃舅報仇，此為冤冤相報的第七個。抗戰勝利後，徐樹錚之子徐道鄰，呈請政府查辦

嚴幾道立異鳴高

晚清時代，閉關自守，八股取士，通西文者極為寥寥，間有少數教會學校，教授西文，而根底淺薄，徒以造育買辦階級而已。故當時對於西方書籍，翻譯極少。至對於西方高深科學之譯本，尤難得見。到了維新學說發達以後，國人紛紛赴日留學，出版譯本，頓然增加，然皆譯自日本書籍，直接譯自西籍者，不見一冊。舉例言之：今日通行之經濟學一名詞，實沿襲日人之錯誤名詞，中文之經濟二字，為經世濟民之意，並非指財富生產而言，日人錯用中文，作財富生產解釋，我國人亦模倣日籍而誤用之，可謂數典忘祖矣！堪發一笑。

我國人直接翻譯西籍高深學理者，當以嚴幾道為開山祖師。嚴氏名復，福州人，弱冠入福州船政學堂，旋由該校派往英國，學習海軍，學期考試，輒冠其曹。嚴於海軍學科外，兼研究社會、哲學、經濟、法律諸科，且雖在外邦肄業，而於國文，亦研究不倦，以此中西並進，蔚為大觀。

歸國後，受李鴻章之聘，任北洋水師學堂教授，未得發展其才學，鬱鬱不得志，庚子拳匪之亂，嚴氏避居上海，與容閎、章太炎、唐才常等，開救國會於上海之張園，與會者數百人，推容閎為會長，嚴氏為副會長，章太炎當眾剪辮，表示排滿決心，遐邇為之震動。清廷因下令通緝組會之人，嚴氏從此匿居租界，專事譯著。嚴氏之文，高古暢達，嘗標譯書之要義，曰「信」、曰「達」、曰「雅」。所謂信者，不失原意之謂。所謂達者，能以我國文字，寫出作者原意之謂。所謂雅者，能以我國古雅文字，寫成譯本之謂。觀嚴氏之前後譯著；實不愧信、達、雅字，非自誇之語也。嚴氏譯著，首先出版者，為英人達爾文所著之《天演論》，此為惟物派哲學之名著，即是物競天擇之意。西洋人弱肉強食之學說，皆於此書發之。我國久為弱肉，供人強食，欲不為弱肉，非自強不可。嚴氏之首譯此書，實具有深意。

《天演論》出版以後，為當時知識階級所喜讀，大有洛陽紙貴之勢。嚴氏於是再譯英人斯賓塞爾所著之《群學肄言》（社會學），及《名學》（論理學），《群已權界論》、《原富》（經濟學）、《法意》（法學通論），《社會通詮》、《名學淺說》（中國教育議）諸書，文名大噪。當時稍有文學根底之人，無不以先睹為快。而嚴氏所學之海軍科學，反為哲理譯著所掩，世人絕少知其為海軍軍人也。

光緒帝西太后去世後，清廷再倡新政，以資粉飾。以嚴氏為海軍專家，且精各項西學，文名盛一時，乃授嚴氏為海軍協統，並特賜文科進士出身（等於今日授博士學位之意）。但當時清廷之海軍，僅剩有幾條破船，說不上什麼海軍，嚴氏之任海軍協統，不過掛一個虛名而已。況嚴氏於當時海軍將校，素無關係，更談不到預聞軍政。

自來文人，多半患有一種喜唱反調的毛病，時人對於某一件事，方力為稱讚，而彼則發出高論以貶之。所以文人大半不善於作官應世。嚴幾道之為人，亦復如是。他在新舊過渡時代，既具有海軍專家名貴資格，又富有中學根底，假使善於鑽洞做官，早應扶搖直上，何至埋首伏案，賣文為生。然我為嚴氏打算，在晚清腐壞官場中，做了高官，亦不過多弄點臭錢，為世俗下流所羨慕而已。倒不如完成幾部名貴著作，以供讀書種子之欣賞，較為合算也。

當袁世凱任北洋總督時，慕嚴氏之名，有意延攬，加以任用，嚴氏則拒之曰：「袁氏只能作官，不能做事，他如何能用我耶？」後來袁世凱被親貴驅逐回籍，一般論者，均以為袁世凱權勢過重，應當驅逐，嚴氏又唱反調曰：「袁項城乃朝廷柱石，奈何自壞棟樑！」及民國成立，袁氏當國，聞嚴氏於其下臺之際，曾有同情之言，對之優禮有加，任為京師大學堂監督，並先後聘為公府顧問、參政、約法會議議員各職。斯時之嚴氏，雖不得謂之得志，然比之在晚清時期，較不落莫矣。

當時民國甫經成立，世人莫不稱讚共和，而嚴氏於與朋輩談論之際，則又唱反調曰：「中國人民程度不及，徒有共和之名，而無其實。」袁氏聞之，暗喜曰：「斯人乃吾之華歆也。」楊度組織籌安會之際，思欲網羅幾位有名學人，列名其中，以資粉飾，第一個即是拉攏嚴氏，語嚴氏云：「聞公素來反對共和，德皇威廉二世有言，中國施行共和，必釀大亂，中國不治，則世界亦將大亂，我以為宜趁全國統一之機會，取法於英德最良制度，改行君主立憲，公以為何如？」嚴氏初聞楊氏之言，則答之曰：「國事非同兒戲，豈容一變再變。」楊氏復曰：「中國非統一不可，非君憲不足穩定統一，我想起一種團體，研究國體問題，希望我公加入為發起人，不知尊意如何？」嚴氏復拒之曰：「稱帝稱皇，聽其自為之可耳，何必研究。」楊氏復鼓其如簧之舌曰：

「政治不本學理而行，則不順，學者不以其所學貢諸國家，則不忠，我公才望俱隆，何可高臥不起，坐視國事之敗壞！」

楊氏再三遊說，嚴氏終於勉強答應列名，但採取甘地不抵抗主義，從未預聞籌安會之勸進行動。及梁任公發表〈異哉國體問題〉一文，袁氏左右夏壽田，往訪嚴氏，意欲請其作文反駁，嚴氏推卸曰：「拙文過於古老，不合時宜，仍以晳子（楊度之號）作文為宜。」夏氏掃興而去。後來帝制取消，袁氏死去，外間已有懲辦「六君子」之議論，友人中有勸嚴氏走避者，嚴氏答曰：「是禍不能逃，能逃不是禍，我雖被他們強求列名籌安會，始終未曾參加什麼勸進行動，是非終可大白，不妨聽之任之。」

反袁派亦知其底細，未將嚴氏之名，列入禍首名單之內。嚴氏個性倔強，素喜立異鳴高，老袁帝制失敗以後，遠近一片勸退之聲，嚴氏獨發異論曰：「非袁氏不能維持殘局。」時人之批評老袁者，皆謂老袁一無可取，惟練兵乃其所長，嚴氏則曰：「袁氏練兵數十年，軍實不充，紀律不嚴，徒然養成驕兵悍將，不獨不能以之對外，即對內亦外強中乾，可以說練兵是老袁的最大短處。」又有人談及康梁，稱其不愧為先知先覺，嚴氏則曰：「誤清室者，乃此二人，誤蒼生者，亦此二人。西后殘年待盡，倘康梁不過於激進，則德宗終可暢行其志，乃康梁熱中過甚，終演成禍君禍友慘劇，而彼隻身遠竄，高呼保皇，何濟於事？梁則不惜以今日之我，與昨日之我宣戰，尤不足取。」

又有人說，袁死黎繼，大局可望安定矣！嚴氏則曰：「無望無望，黃陂德有餘而才不足。」又有人稱讚段祺瑞再造共和之功者，嚴氏則曰：「當初電請維特君憲的是段氏，不久電促清帝退位的又是段氏，反對袁氏稱帝的是段氏，處處模範袁氏作風的又是段氏，斯人何足道哉。」民六復辟之際，有人云：故君復出，可以出而仕矣。嚴氏曰：「張勳、康有為此舉，徒以愛清室者害清室而已。」蘇聯革命成功後，共產主義風靡一時，嚴氏則搖頭太息曰：「不意闖獻之禍，復見於今日。」觀上述言論，可以想見嚴氏為人，具有一種文人傲性，其所持議論，固亦不可謂全無是處，要之不外於立異鳴高而已。

書獃子劉申叔

中國研求舊學的人，不少書獃子，讀起古版書籍來，過目不忘，頭腦異常清晰，提筆作文，古奧典雅，異於平常。但是談到當時政治以及應世之方，則往往隔霧三重，全不了解。清末民初，號稱國學大師之章太炎、王湘綺諸公，皆是這一流人物。當時行輩較晚，方在壯齡而文學大有聲名之劉申叔、黃季剛二人，亦步武章王，知古昧今，可謂無獨有偶矣！

劉申叔，原名光漢，後改名師培。江蘇儀徵人。祖父為名漢學家，申叔博覽群書，經史百家，無所不通，旁及釋道請經典，頗多心得，不剽竊前人餘緒，時人以好為大言譏之。清末與鄧實、黃侃（即季剛）、陳去病、章絳（即太炎）等一班文人，組織「國學保存會」於上海，發行《國粹學報》，名為研究學術，實為鼓吹革命，所作文字，遇有滿胡字樣，均加上框框，使人注目。陳去病搜集明末殉國烈士資料，將清室列為禁書之各種書籍，逐期刊載。劉申叔則著有《攘論》、《中國民族誌》，均係傳誦一時之作。後與章大炎等組織「光復會」，又為該會健將，所發表之文字，有橫掃千軍之慨。

旋以章太炎下獄，申叔恐遭連及，乃亡命日本，是時端方作兩江總督，此君號為開明，喜結納文人，對於革命黨人，並不採激烈措置，惟用溫和手段，以資緩和，令人對申叔表示好意，加以聯絡。申叔為人，秉性溫和，覺得卻之不恭，聊與委蛇。其夫人何震女士，在東京有交際花之稱，因此革命黨人，疑申叔夫婦，為端方之偵探，大加詆毀。申叔因此不能在革命黨中立足。實則前清時代，並無所謂偵探之設備，況劉申叔為一個純粹書獃，除了讀書不糊塗之外，做人處世，無一件不是糊塗到底，端方之加以聯絡，無非慕其文名，加以貌敬耳。

世人以申叔與滿族大臣，有所交往，遂以偵探詆之，可謂冤矣！申叔既在東京，為同志所詆，遂攜眷回國，前往成都，任國學院講師。辛亥事起，各省紛紛響應，申叔方幸一向民族思想之素願，得以貫徹，不意川中起事之人，誤聽昔日接近端方之說，有加害之意，幸有章太炎致電於川中，為之解釋，電中有「若殺葉德輝與劉光漢，則中國讀書種子絕矣」之語。申叔因此得免於難。

辛亥以後，劉申叔任北大文科教授。當時北大教授，分為新舊兩派，新派以胡適、陳獨秀、錢玄同為中堅；舊派以劉申叔、黃侃、林紓為健者。但學生多傾向於新派，種下了後來之五四運動。舊派埋頭講學，對於學生之吸引力，自然不及新派遠甚。惟劉申叔為袁克定所羅致，禮為上賓，進言乃父，先後派為公府諮議、教育部編纂、參事上行走。

民四年十月，袁下令，參政王闓運，現在請假，派劉師培署理參政。十一月又授以上大夫之官銜，從此這位書獃子，由窮書生走入了達官隊裡，受了袁家父子特達之知，自然感激涕零，因此種下了後來做莽大夫之機會。及楊度發起籌安會，邀申叔列名為發起人，申叔以素受袁氏父子格外垂青，不便推卻，楊度發表〈君憲論〉以後，劉則作了一篇〈國情論〉，步其後塵，且發表〈告同盟會同志書〉，謂民族革命，已經完成，內政問題，不必再生歧見。用意所在，可想而知。但這書獃子，雖列名籌安會，與嚴幾道同採消極態度，對於該會行動，絕不過問，是以袁死以後，反袁派亦恕之而不加追究。

到民國八年，劉患病逝世，壽只三十六歲。彌留時，將所著《音韻學》，交與黃侃，囑咐云：「此學非公莫傳。」黃拜而受之。劉申叔遺著，有《國學發微》、《清末學術史》、《在庵文集》、《讀左箚記》、《論文雜記》、《中古文學史》數種。假令申叔能享高壽，則必著作等身，與章太炎，王湘綺諸老，同稱為國學大師，自無疑義矣。申叔於袁氏死去以後，曾作有書揚雄傳後五古一首，所謂解嘲之作也。玆錄原詩，以見其文采之一斑：

荀孟不復作，六經秦火餘。篤生揚子雲，卜居近成都。
文學窮典墳，頭白窮著書。循循善誘人，門停問字車。
法言象論語，太玄開潛虛，反騷弔屈平，作賦比相如。
訓纂辨蝌蚪，方言釋蟲魚。雖非明聖道，亦復推通儒。
紫陽作綱目，筆伐更口誅。惟據美新文，遂加莽大夫。
吾讀華陽誌，雄卒居攝初。身未事王莽，玆文得無誣。
雄本志淡泊，何至工獻諛。班固傳信史，微詞雄則無。

大純而小疵，韓子語豈踈。宋儒作苛論，此意無乃拘。
吾讀楊子書，思訪揚子居。斯人今則亡，弔古空躊躇。

申叔與黃季剛，同講古學，文章古奧，但兩人不諳世務，皆有瘋子之稱。申叔嘗月餘不剃頭梳洗，望之活似瘋人。一日教育部司長易克臬，赴劉寓訪問，見申叔一面看書，一手持饅頭蘸硯墨而食，誤作醬油，可見他專心讀書，有食而不知其味之慨，可發一噱。

黃季剛，名侃，湖北蘄春人，為章太炎入室子弟。章瘋子名聞全國，黃瘋子亦大大有名。黃自鄂到北京，或自北京回鄂，侍母同行，必攜帶棺木一副，因這木匣，乃其亡父親筆寫銘，黃為孝子，不能離開母親，而母親則不能離開此木匣，因之往南往北，皆以此棺木自隨，其瘋癡程度，可以想見一斑矣，季剛藏有「夢謁母墳圖」，自己作記，蘇曼殊為之作畫，章太炎為之題跋，為近代名作之一。

林琴南一枝妙筆

中國古代的言情作品，始於國風，文王號稱聖人，他有「窈窕淑女，寤寐求之」之名句，幾乎為一個淑女，不寢不寐，害了想思病。至於鄭衛之風，桑間濮上，描寫男女淫奔，十分顯露。屈原為愛國詩人，所作離騷，亦復美人香草，寄托遙深。宋玉之徒，作高唐、神女之賦，遂開後代假托神仙鬼怪描寫男女情感之作風。穆天子傳，寫王母瑤池之宴，漢武內傳述上元夫人之降臨，乃至曹子建之賦洛神，皆是這一套把戲。

唐人作品，好引劍仙故事，作風又為一變。元明兩代之言情作品，大都以詞曲出之，如《西廂記》、《牡丹亭》，其代表作也。清朝言情作品，蒲留仙之《聊齋誌異》，全以狐鬼出之，可謂想入非非，若不假神仙鬼怪，全以描寫人事托出深情感者，要推《石頭記》為最。但偏於豪門氣氛。到了清末，西洋思潮，輸入國內，國人對於此等名著，頗厭其陳舊，爭以一睹西方言情作品為快，於斯時也，乃有一位善於審時度勢，乘時而起之文豪出現。在清末民初之際，文名盛極一時，所著書籍，真有洛陽紙貴之慨，其人為何？即林琴南是也。

林琴南，名紓，別號畏廬，福州人。幼年家貧，螢窗苦讀，專精文學，曾中鄉榜，未嘗仕宦。清末任京師大學堂教習，教授國文。林氏為科舉中人，未嘗學習西文也。大學同事有王壽昌，別號曉齋主人，曾留學巴黎，精法文，但漢文非其特長，嘗與琴南談及法國文豪小仲馬，所著《茶花女遺事》小說，為言情妙品，並時時述其內容，琴南聞之心動，語曉齋云：「君何不按字按句，一一口述，由余加以筆錄，合譯此書，托書店出版，或能風行一時，亦未可知。」由是一西一中，口講筆錄，旬日之間，譯本完成。

此書內情，乃寫一女子鍾情於一男子，經過多少困難，矢志不移之故事，讀之可以了解西洋人的談情說愛，是怎麼一回事。由是二人合出此書，琴南則署名為冷紅生，王壽昌則署名為曉齋主人，皆不用本名也。琴南文筆，雅潔而生動，以高等文字，說愛談情，描寫入神，自來譯西籍者，除嚴幾道能做到信、達、雅三字訣外，未有能及之者也。

《茶花女》譯本，初在北京出版，並未暢銷。是時嚴幾道所譯《天演論》等書，均由上海商務印書館出版，風行一時，嚴與琴南為同鄉人，見其譯本，力為稱讚，乃推薦於商務印書館，為之再版，由是不脛而走，風行一時，長江一帶，無人不艷說《茶花女》而贊冷紅生，反視《紅樓夢》為落伍之作矣。琴南從此專以譯著西洋言情小說為事，所譯《迦因傳》等等西籍，達一百五十餘種，共一千二百餘萬言，每月版稅收入，益以售畫所得，將近萬元，老詩人陳石遺戲呼其書室為造幣廠，從此窮書生一變而為富家翁矣。

琴南貌醜陋，鼻生大瘤，時流緣涕，生性怪癖，而富於情感，母死後，即不再進會試場。嘗對人云：「向有干祿之意，徒以有老母在耳，今老母已死，仕宦何為？」在清末除充教授外，未嘗受一官半職，清亡以後，嘗九謁光緒帝所葬之崇陵，自稱為清室遺民，與在崇陵種樹之梁鼎芬，可謂無獨有偶。但琴南因譯法國書籍，沾染了幾許共和氣氛，對於共和制度，並不反對，與康有為、梁鼎芬一流之見解，有所不同。琴南篤於故舊，嘗在同鄉王薇庵家教書，王去世後，琴南撫其遺孤，資其教育，始終不懈，具有古烈士之遺風。其人雖為伏案腐儒，然好擊劍，頗有工夫，酒酣以後，拔劍起舞，電光滿室，亦奇觀也，琴南卒於民國十三年，享年七十有三。

清末詩僧八指頭陀

自六朝至於唐宋，最為出色的和尚，可分數類：有以談玄說理，為一時所仰望者，如支道林之流，是謂玄僧。有自創宗派，為僧徒所信仰者，如禪宗惠能之流，是謂祖師僧。有巖居穴處，一塵不染，如高僧傳中人，是謂高僧。有藉韻語以談禪，化佛說為詩歌者，是謂詩僧。僧徒到了清代，不獨玄僧高僧，不可得見，即能詩和尚，亦寥若晨星。惟晚清末季，出了一位詩僧，實為難得，其人為何？即名為一時之八指頭陀是也。八指頭陀，法名敬安，號寄禪。俗姓黃，名讀山，湘潭人。幼讀書，習舉業，頗聰慧，間涉佛經，時起擺脫塵世之念。年十七，春日遊山，見落紅滿地，頓然有悟，作落花絕句云：

紅桃紫杏滿山阿，鬥艷爭妍一剎那。
悟得人生皆夢幻，從茲清磬唸彌陀。

遂辭家，赴湘陰法華寺出家，除剃度，用艾火燒頂外，並燒去兩手小指，以示信仰堅決，只餘八指，故自號八指頭陀。自此專意禪理，但韻語之積習未忘，每日於木魚清磬外，仍研讀詩詞，未嘗或輟。寄禪因與王湘綺為同里人，時以作品就正於湘綺，湘綺極賞之，加以指正。寄禪之詩，日益進步，久之，遂為首屈一指之詩僧，嘗自稱為佛門弟子，湘綺詩徒。

某歲值春節，巴陵詩人開詩會於岳陽樓，寄禪自法華寺赴會，有「洞庭波送一僧來」之句，一時傳為名句。自此東南士大夫，莫不稱之。旋被推為東南第一名剎四明天童寺方丈，時與陳散原、王湘綺諸老相唱和。所刻詩集，名八指頭陀。初集由天童寺刻行，當時視為珍品，嘗記其與易實甫諸詩人，遊南京清涼山掃葉樓題壁詩，有句云：「齊梁往事如壞葉，登樓欲掃俱無痕。」可見這位詩僧，不獨深諳禪理，且具有朝代滄桑無限之感慨，蓋僧而儒者也。

民國初年，寄禪被推為全國佛教會代表，到北京與當事有所交涉，謀發展會務，寄禪住法源寺，是時余方辦《亞細亞日報》，一日忽接寄禪來函，約期來訪本報同人，余以名僧來訪，至為難得，特約好談佛學之楊皙子、梅光羲、雷光宇諸公來社，參加招待，以便參禪講佛，成為盛集。時寄禪年已八十餘矣，步履康健，談鋒甚銳，絕無衰象。乃訪本社後，不到三日，忽聞其在法源寺無疾而終，令人驚異！蓋所謂撒手西歸，一絲不掛者矣。楊皙子聞其涅槃之訊，即赴法源寺，搜其遺篋，得其遺稿，擬為之刻八指頭陀續集，然其後楊氏南遊江海，未見殺青，高僧名作，不知落於何人之手，良足惜也！

余近年羈旅臺灣，遊月眉寺，見壁間懸有寄禪贈善慧和尚赴臺灣定居月眉寺絕句二首，視之不啻如希世之珍，特錄於左，以見其作風之一斑：

六月林深暑氣微，萬松涼透水田衣。
月眉山色應相似，到此安禪莫憶歸。
萬疊煙巒鎖翠深，紅塵無處可相尋。
好將大海風濤氣，證取空潭水月心。

此詩作於何時，不可得考，大概為甲午以前之作，蓋自割臺以後，內地僧人，無由到臺矣。
此詩為和尚贈和尚之詩，自然是談禪說佛，所謂本地風光也。

鐵匠詩人張正暘

一個少年木匠齊白石，高升為王湘綺門徒，後來成為鼎鼎大名的畫家（其事已數見前文），因白石在舊京售畫多年，故世人咸知其名字。實則此公雖列在湘綺門牆，而於湘綺之文章學術所得有限。另有一個少年鐵匠，亦與齊白石相同，由工匠而進入湘綺門牆，後來文章學術之成就，實超過白石十倍。不過此人非如齊白石，抱有特別技能，惹人注意，且於民初，即已逝世，除湖南文化老人外，知之者不多耳。

此人為張正暘，即所稱鐵匠詩人是也。張氏幼年家貧，在蒙學數年，即習鐵工，然正暘於讀書有深嗜，晝則打鐵，夜則觀書，手不釋卷，尤喜研究詩詞，久之，頗能成章，嘗作詠懷詩云：

知己平生惟一劍，龍泉百煉不辭勞。

豐城吐氣沖霄漢，喜有張華識寶刀。

正暘與湘綺為同里人，有人將少年鐵匠所作小詩，抄給湘綺閱看，湘綺大為驚奇，即囑其帶這小鐵匠來見，湘綺詢其何以能詩？少年答稱：「家無多書，只是熟讀《唐詩三百首》及《千家詩》之類耳。」湘綺詢其是否有意捨工而向學？少年答云：「小子於學問一道，寢寐不忘，只苦於家貧，不能負笈從師耳。」湘綺云：「以爾之天姿聰穎，而又苦心向學，必有成就，爾可即來我處讀書，一日三餐，由我供給可耳。」

由是這位窮鐵匠，遂與一班貴遊高才，同列湘綺門牆，此君以家貧苦讀，勤勉異常，不數年間，學術大進，不獨能習湘綺體之詞章，且能傳其經學。未幾，中鄉榜。清末，官山西知縣，有循吏之稱。革命以後，辭職歸湘，在各校擔任經學歷史講座，為湘中名講師。正暘之詩，雖屬湘綺體派別，然素喜孟冬野之詩，故其所作，多模倣冬野作風，一時有第二冬野之稱。刻有專集。清末民初一有名詩人也。湘綺能識拔木匠鐵工於窮困之中，俾其於學術技術，有特別成就，此等風義，只可於古人中求之，今世不可得見也。

狗肉將軍張宗昌外傳

我敘述怪人張宗昌，加上一個狗肉將軍的稱呼，讀者一定十分詫異，猜想張宗昌幼時，或是一個賣狗肉出身的漢子，我則告之曰，你猜錯了，你猜錯了，你一定不是久居北方的人，北方俗語，謂賭牌九，無夜不賭，故一時有狗肉將軍之稱。張宗昌的雅號，尚不止此，又有長腿將軍之稱，所以稱為長腿將軍者，山東人多高頭大漢，張宗昌為山東掖縣人，其身軀之高，比之遼東王張作霖，要高一倍，幾可與今日加入馬劇團之巨人張英式，並駕齊軀，故有此稱呼。

今日之政黨，皆以三民主義為神聖信條。當日之張宗昌，亦有三不知主義將軍之雅號，任意擴充軍隊，不知自己部下有多少軍隊數目，此一不知也，任意浪費，不知自己有多少財產，此二不知者也，見有妓女，任意收買，不知自己有多少老婆，此三不知也，聽了這三種怪稱呼，則張宗昌之為人，便可想見大概了。

東北為滿族發祥之地，東北地方制度，前清時代，分為盛京、吉林、黑龍江三區，以三個將軍統治之，吏治廢弛，較之關內尤甚，東三省遂化為紅鬍子世界，因地域關係，鬍子群，分為南滿、北滿、西伯利亞三派，南滿派多為大股，數百數千為群，張作霖係出身淤南滿派，北滿派概屬小股，故未產出風頭人物，西伯利亞為俄國屬地，山東一帶之人，多流入該地為採礦工人，亦有鬍幫組織，張宗昌即為此派之風雲人物，晚清末季，招撫鬍群，張作霖、張宗昌皆受招撫，編為正式軍隊，但張宗昌勢力微薄，遠不及張作霖之聲勢，故當時不為社會所注意，其後馮國璋總督江南，張宗昌遂投馮國璋部下，授以混成旅旅長之職，未幾，第一次直奉戰爭發生，張宗昌以與奉張同為鬍幫出身之關係，靠攏奉方，及奉軍戰敗，張宗昌率所部逃赴東北，擴充軍隊，張宗昌向在西伯利亞做勞工，懂得粗淺俄語，因與白俄逃軍相勾結，白俄軍坦克車隊加入張宗昌部，聲勢最盛，奉張乃勾結倒戈將軍馮玉祥為內應，向關內進攻，馮玉祥夜半潛入北平，將那位賄選總統曹錕，軟禁起來，奉軍進攻山海關一路，張宗昌部則由冷口進入關內。直軍無力抵抗，張宗昌遂攻克河北、山東二省，以部下褚玉璞為河北督軍，而自任山東督軍，楚項羽有言，富貴而不歸故鄉，如衣錦繡夜行，不足生色。張宗昌以勞工出身之人，一旦稱王故里，可謂得意之至，倒戈滅曹之馮玉祥，自以功無與比，乃河北山東地盤，盡為張宗昌所據，馮玉祥僅得察哈爾邊區之督辦名義，其抑鬱可知。未幾，國民軍北伐，聲勢極盛，縱橫家楊度，與黨國元老某公有聯擊，遂因上海小白相吳某之介，前往濟南，遊說張宗昌，勸其與南軍妥協。奉張聞之，派小張往濟南，加以阻止，小張大發其南北不兩立之主張，張宗昌聞之，立即反悔言和之議，在會談中，怒目拍案云，我們的地盤，只能讓豬吃麵條的，不能讓豬吃大米飯的，這個南方人楊度，乃勸我們靠攏南軍，真是該打該殺。余當時適遊濟南，張語余云，你告知楊氏，楊氏即抱頭鼠竄，後來北伐軍削平長江一帶，馮玉祥二次倒戈，張宗昌全軍覆沒，山東地盤，遂為馮部韓復榘所得，張宗

兩次淪於異族痛史

臺灣被日人佔領五十年，此為婦孺咸知之事，不知在三百年前，即曾被異族佔領一次，今日之大多數人民，知其經過者甚少，臺灣原是高山族棲息之所，為中國人足跡所不至，但到了七百年前，沿海漁民，因渡海補魚，發見此島人民稀少，土地肥沃，堪稱樂土。歸而述之於鄉人，由是閩南一帶之民眾，乃相率乘木舟到臺，從事農墾，愈來愈多，由是臺灣全島，遂成為閩南人之集中地帶，故今日臺人之語言風俗，皆閩南風格也。

然在明朝以前之中國政府，皆視臺灣為海外孤島，不在天朝版圖之內，為國家政令所不及，任其自生自滅，向不過問，當時稱為紅毛夷之西班牙人，浮海東來，發見這個寶島，一無防禦，乃引兵登陸，據為己有，臺胞受其統治，痛苦異常，自不待言。但紅毛夷之統治臺島，是一種如何作風，當時絕無記載，可資考證。迨至明朝末年，滿清入主中國，明朝名將鄭成功，不甘降服，率部渡海到臺，作為中興基地，以為恢復中原之計，但當時臺島為紅毛夷所據，欲取為根據地，非先趕走紅毛夷不可，乃用全力，加以驅逐，當時紅毛夷兵力有限，在舊帆船時代，遠渡大西洋，開來救兵，勢所不能，乃不得不退出臺灣，由是鄭成功乃據有臺灣，作為基礎，策劃復

東方共和國的開山祖師

今日旅居臺灣之人，經過總統府門前時，每每相與語曰：「臺胞陷於異族五十年，天天看著日人呼天皇萬歲，到今日始得睹民主共和招牌，令人有來何晚也之感！」我則告之曰：「臺灣為東方民主共和之開山老祖師，你知道麼？」臺灣在六十年前，既已一度懸掛總統府招牌於臺北，其地為何處，即今日之中山堂是也。中山堂原為前清巡撫官署所在地，當甲午戰敗，割讓臺灣時，鎮守臺灣之文武官吏，曾經表演一幕壯烈悲劇。其時巡撫臺灣之文武官為唐景崧，鎮守臺灣之武官則為劉永福。劉為廣西人，所部軍隊，全著黑衣，號稱「黑衣軍」，原駐越南，當法國人侵略越南時，劉永福抵抗侵略，曾與法軍開戰，惟其時中國軍隊，純用舊式武器，不能抵抗法軍新式武器，只得退去越南。清廷壯其膽氣，將其所部，移駐臺灣。乃不數年，又遭割讓臺灣之厄運。劉永福憤不欲生，乃激勵巡撫唐景崧，誓以武力，保衛臺灣，拒絕日人登陸。當時清廷已簽訂馬關求和條約，若以清廷官吏名義，抗拒日人，則有違抗朝命之嫌，乃自稱為臺灣共和國，推唐景崧為「百里璽天德」，不以中文大總統為號，而以英文大總統為名，可謂微妙之至。臺灣四面臨海，是時日本擁有海軍二十萬噸，堅甲利兵，水陸夾攻，孤立之黑衣軍，自然無法抵抗，只得統率所部，退返大陸，日本人以併吞疆土為急，對於退去之黑衣車，未加追擊。唐劉此舉，雖無所成就，然具保衛疆土之精神，實堪照耀千古。

當時滿清朝廷，對於唐劉此舉，若認為不當，則彼等志在保衛疆土，無可非難，若認為合理，則在舊式君主時代，臣下居然掛名共和招牌，自稱總統，此風一開，孤王的寶座，不免搖搖欲動，只得啞口無言。置之不論不議。唐景崧返歸大陸後，以故巡撫身分，上奏清廷，請求陛見。當時君主之命令，稱為上諭，對於臣下之奏事，其准許者，則批曰「著照所請」。對於奏請陛見者，則批曰「著來京陛見」。其對於不允之事，則以「知道了，欽此」五字了之，是時滿清之君主，對於曾經自稱總統之唐景崧，自然不欲與之見面，對其請求陛見之奏摺，乃批其摺曰「知道了，欽此」，此即等於今日之擱置文書也。當時有識之士，傳述此事，莫不為之憤憤不平，斥責清廷當事之庸懦。我九年前，初次遊臺時，曾作有懷鄭成功及唐景崧、劉永福七律二首，弔古傷今，聲調頗為悲壯，附錄於下：

懷鄭成功（三十七年春遊臺作）

雄峻臺山入眼明，驀然懷想鄭延平。
中原驅虜千忠侶，海外披榛萬義兵。
病革不能忘故主，島居豈屑學田橫。
至今赤崁潮頭浪，猶作風雲叱吒聲。

日據臺十年之紀念大廈

今日之臺北總統府，即昔日之日本總督府，此為人人皆知之事。然日本人為何建此「東方第一」之堂皇大廈？及這個大廈建於何年？則非年近八旬，且昔年曾經久住日本及臺灣者，不能知其底蘊。昔漢朝遣將擊退匈奴，勒銘燕然山，以表功績，為後世所艷稱。日人之建此大廈，用意亦是如此。當日人佔據臺灣已達十年之日，壓服臺胞，業已澈底就範，建設形式，亦有可觀，日人志得意滿，故特建大廈，以誇張其成績耳。昔漢期高士梁鴻，攜賢妻孟光，離開陝北，隱居吳下，過漢京長安時，睹宮殿之崔巍，嘆民眾之勞苦，曾作五噫之歌以誌慨。設若梁鴻生在日人據臺之際，睹茲廣大建築，必當效賈誼之痛哭流淚，又豈止五噫而已哉！須知此項建築，不獨為臺胞汗血所成，抑亦臺胞精神損耗之表現。今之人談及此項建築，輒曰日人之建築，直兒童之見耳。余弱冠時，在日本留學之際，正值日人佔臺十載之時，有一天見東京各報大吹大擂，遍載完成統治臺灣十週年紀念之文，我不禁發生無限感慨，語同學諸子云：臺灣是我們的臺灣，怎麼會給日本小鬼完成統治呢？當小鬼自鳴得意之時，正是我苦難同胞飲泣吞聲之日。當時余與諸同學，悲憤填膺，熱血噴湧，真是難以言盡，猶記當時日本報章所載統治成績及紀念慶典各項情形，分錄於左：

（一）佔領臺灣前數年的臺灣財政，須由日本補助，近數年來，不但已自給自足，且可以大宗收入，供給日本中央。

（二）完成全臺警察化，各地機關大小日本職員，均帶警官頭銜，嚴格鎮壓臺人，近年以來，已不見有反抗之事。

（三）臺人已普遍日語化，了解日本官廳的措施，絕對服從命令。

（四）臺灣重要生產資源，概歸日本官府主持，臺灣私人，不得壟斷。

（五）全臺鐵路公路及船舶之交通網，已普遍完成。

（六）全臺生產事業，已普遍發展，如糖、米、樟腦、青果，除足供給日本國內需要外，且可供應國際市場。

（七）採用英法諸國，對於印度安南之各項鎮壓殖民地之方法，實施於臺灣，業已澈底完成。

（八）以二百萬元，建築輝煌壯麗之總督府，用作永遠紀念，並以重金徵求日本工程師，競繪總督府圖案，被採用者，酬金二十萬元。

（九）治臺十年，建有偉績之民政長官後藤新平，封以男爵，其餘文武官員，晉級有差。

自堂皇總督府建成以後，日本總督之威風，與日俱進。在臺灣言之，儼然是一位第二天皇，可憐的臺胞，震驚恐懼，如對閻王，日本總督，高踞廣廈，濫逞威風者四十餘年，自以為子孫帝皇萬世之業矣，不料二次大戰發生，美國飛機，飛進臺灣，第一個炸彈，即落於總督府廣廈之上，將前面炸毀，府中職員被炸斃者將近千人，此真天理循環因果報應之實跡表現，聞者為之一快。日人退去臺灣以後，中國派員接收，對於被炸之廣廈，無暇修理，後來政府遷臺，始加修理，以供總統府、國防部、行政院辦公之用。凡悉知前後經過之人，過門前時，莫不感慨系之，美機炸臺灣時，同時被炸者，尚有火車站前面之鐵道飯店，後因火車過淡水河橋，落在河中，淹斃小學生二百餘人，省議會大事指責，當局將此項地皮，租與一部分議員，以為息事寧人之計，現已經七八年，尚不能修復，遇而見者，莫不惜之！

肆虐臺島之後藤新平

往年之歐洲白種人，以優越民族自居，對黃種黑種人，稱之為有色人種。但中國人與日本人，不但同為黃種人，且日本之文化，皆由中國輸入，飲水思源，應當知所感激。乃因甲午一戰，割據臺灣，便視臺灣為殖民地，日本人之當日作風，可謂全無人性，直以虎狼稱之，亦無不可。日人佔據臺灣之初年，肆虐於臺灣之劊子手，實為後藤新平，日人舉行佔臺十年紀念，受男爵之封者，即其人也。後藤原為日本愛知縣衛生處一個小醫生，服務多年，毫參表見，乃於日人據臺以後，忽然福至心靈，頓起野心，彼知當時之華人，多數吃食鴉片，此中大有文章可做，乃作一詳細計畫書，建議於當時之內務大臣，主張在臺灣設立鴉片專賣局，將鴉片收歸公賣，計算當時臺灣人口五百萬，至少有百分之五的人口，是中煙毒之人，若將鴉片收歸公賣，則每年可於無形中搜括鉅款，以供發展臺灣設備之需，說得有條有理，天花亂墜，大為當時之內務大臣所賞識，便把這位無名小醫生，超擢為臺灣鴉片專賣局長。

後藤原是一個官僚野心家，他到臺灣以後，更進而研究臺灣的一般現實情況，作了一篇統治臺灣的十年計畫，建議於當時的總理大臣，臺胞真是厄運降臨，後藤這條陳，復為總理大臣所激賞，便將後藤超升為臺灣民政長官，固然隸屬於總督之下，然當時日本的行政系統，界限分明，所有一切行政，均由後藤主持，總督不甚過問。後來日本臺灣總督，雖屢經易人，而後藤的民政長官，則從未更動，讓他幹了十年之久，由是後藤便為日本全國稱譽之敏腕家，報章上以其對待臺人，手段毒辣，亦稱之為辣腕家。後藤自此在日本政界，便成為天之驕子，一代寵兒，做內務大臣，做南滿鐵路總裁，飛黃騰達，闊得不亦樂乎。不知此公之出頭，皆係臺胞的辛酸眼淚及老幼血汗，為他換來的。

今日的青年們，觀看日本人所作的《後藤新平傳》，稱讚他的治臺成績，將一個惡毒魔鬼，恭維得天神相似，多是莫名其妙的。且聽我這曾經目睹這個魔鬼作風的老日本通說說罷。

歌曲古今談

前些時候，有一位朋友，約我到戲園觀劇，觀的是女伶所演的《荒山淚》，這是一齣悲劇，我當時有所感觸，便做了一首〈浪淘沙〉小調，唸給朋友聽，其詞云：「顧果傾城，曲譜秋聲，嬋娟三五正盈盈，河滿歌殘雙淚落，悲憤填膺，當路虎狼橫，歲歲刀兵，山川草木有餘腥，我為蒼生腸九轉，況乃佳人。」朋友聽了，相與慨嘆久之，語我云，此真所謂看戲銷愁愁更愁了。看完了戲，這位朋友便約我到酒樓小飲，飲到數杯，朋友問我云，你是一位老北京，對於平劇，當然是個老內行，何不將老伶工譚叫天諸人的演唱作風，說一點兒，以助酒興呢，我吃了幾杯酒，便誇口云，我不但是平劇的老內行，而且是古今戲劇的老內行，你要請教麼，聽我慢慢兒道來，於是便將上古中古的歌曲，唐宋的詞，元人的曲，明人的崑腔，平劇的往事，以及女伶的發展過程，說了一大篇，等到我的劇話說完，也就昏昏大醉了。

中國最古的歌曲，要首推唐堯時代的〈擊壤歌〉，據說那位推位讓國的民主皇帝，親自到農村，察看老百姓的狀況，有一個老頭兒，用拐杖擊土壤而歌云：「日出而作，日入而息，鑿井而飲，耕田而食，不識不知，順帝之則，帝力於我何有哉。」這一首歌詞，非常簡樸，是澈底的民間歌謠，大意是說我們農民們勤勞耕作，遵守紀律，用不著你大皇帝操心啊。其次是第二位民主皇帝虞舜所作的〈鄉雲歌〉及〈南風歌〉，其〈鄉雲歌〉云：「鄉雲爛兮，糺縵縵兮，日月光華，旦復旦兮。」這首歌詞，高華名貴，真不失為太平天子的吐屬，其〈南風歌〉云：「南風之時兮，可以阜吾民之財兮，南風之薰兮，可以解吾民之慍兮。」這首歌詞，將虞舜愛民憂民的真心，完全把它表現出來了，無怪乎幾千年，總是恭維唐堯虞舜，不絕於口呢。

至於夏殷兩朝那兩位開創明君禹皇湯皇，一個是水利工程家，一個是軍事家，大概文學非其所長，未見有歌曲流傳，到了周朝，可謂是古代文學的最盛時期，他們的開山祖師周文王，被紂囚禁在羑里的時候，他就做了一首癖歌，名叫〈羑里操〉，他的兒子周公，更是一位大著作家，大文學家，但是這個時候的歌詞，漸漸的趨於文勝於質了，那些清廟名堂的名貴歌曲，不免開後世官樣文章的先聲，例如《國風》的民間歌謠，存有幾分天真本色呢，又周初的伯夷叔齊，及魯國的孔子，皆是歌曲專家，有〈採薇歌〉，孔子作有〈龜山操〉，皆屬於悲劇一類。

至於真正古代的優伶歌詞，傳於書籍者，則春秋時有晉國優伶的〈烏烏詞〉，其詞云：「夏屋之渠渠，不如烏烏，人皆集於菀，已獨集於枯。」這首歌詞，乃是諷人靠攏勢力方面的意思，因為驪姬欲廢太子生生，而立其愛子，故令優伶歌此曲，以諷里克，卑其助已，可謂惡性的歌詞。

其次則為楚國的優孟，他見楚國賢相孫叔敖的兒子，生活困難，他便偽裝孫叔敖的衣冠模樣，往見楚王，歌廉吏不可為的歌詞，以感悟楚王，此歌可算是歷史上的第一良優，最為後世所稱道。你看古今的人物，大半是優孟衣冠，便可想到這位名優的價值了。又其次則為秦國優旃的〈蕩蕩歌〉，秦始皇志得意滿，欲將咸陽城牆，加以粉漆，以示美觀，優旃乃作歌，以諷始皇，其詞云：「漆城蕩蕩，寇來不可上。」始皇聽了優旃的歌詞，便中止了漆城。秦政暴戾專制，聞於千古，乃肯聽從優孟的諷諫，中止濫費，可謂難得。戰國時候的歌曲名家，要推荊軻為第一把手，他嘗遊於燕京，即是今日的北平，與屠狗少年，及擊筑的名樂師高漸離，為知心的好友，他們時時到酒樓痛飲，半進以後，高漸離擊筑，荊卿唱歌，有旁若無人之慨，其往刺秦王時，作歌云：「風蕭蕭兮易水寒，壯士一去兮不復還。」此歌詞雖僅兩句，而悲壯慷慨，至今讀之，如聞其聲。到了楚漢紛爭的時候，那兩位龍爭虎鬥的項羽劉季，都是大歌曲家，項羽被圍垓下，作〈垓下歌〉，夜半與虞姬歌舞於兵帳之中，悲壯激烈，表現一種英雄末路的悲況，使後世的讀者，對其失敗，深予同情，認為歷史上一大悲劇。相反的是漢高祖得勝以後，回到故鄉的沛縣，做了一首〈大風歌〉，表示得意，令沛縣青年們，高唱此歌，與故鄉父老，推壺痛飲，其歌詞雖極英偉，然具有居安念危的意思，所以能為成功的英雄，後來恐怕愛子趙王如意，見害於呂后，又作鴻鵠高飛的曲子，自唱楚歌，而今戚夫人作楚舞，此歌亦屬悲劇一類。漢武帝的時候，有一位名優伶，叫做李延年，技術極高，漢武帝給他一個樂官的職位，名叫協律郎。他有一個妹妹，擅長歌舞，色藝皆佳，李延年欲將這個妹妹，做一個漢武的妃子，以邀寵倖，乃作一首艷歌，其詞云：「北方有佳人，絕世而獨立，一顧傾人城，再顧傾人國，寧不知傾城與傾國，佳人難再得。」漢武聽了這個艷歌，便問李延年云，世間有這樣的美人？答云，即是我的妹妹，由是遂

們所喜唱。此外張子野、秦少游、柳屯田諸子，皆為當時的詞曲名作家，子野的詞，有「紅杏枝頭春意鬧」的名句，蘇東坡稱他為紅杏尚書，秦少游為「天抹微雲」學士。當時在作曲界，為婦孺咸知的人物，尤以柳屯田為最，柳氏行七，秦氏行九，一時稱之「柳七秦九」，忽有並駕齊驅馳騁詞場之慨。柳七有「曉風殘月」的名詞，故有曉風殘月柳屯田之詞，柳氏的作品，自妓女優伶，以至與輿夫樵子，莫不口唱柳詞，風行一如今日平劇中的劇本，人人都會哼兩句一樣的，有人從邊遠的西北，來到中土，某名士問他云：您在那兒亦曾聽唱柳詞沒有，那人答之，凡有井水處，都有柳詞。又有某詩人在金陵，夜間坐轎出門，適過一家門首門內正在演昆陽大戰的鬧戲，那輿夫隨意說：如此月白風清的良夜。何不唱柳屯田的曉風殘月，而乃演此鬧戲，以殺風景呢，某詩人為之鼓掌，謂六代江山，真不愧為勝地，即一輿夫，亦風雅如此。可見柳詞流行的盛況，蓋彼時的詞曲，即是當時的劇本，故能這樣的深入民間。

宋代的詞曲可分兩個時期，一為北宋，一為南宋。北宋人的詞，多豪放溫雅。南宋人的詞，多悱惻激烈，原由時局環境使然。到了元期，變詞為曲，劇本式的傳奇作品，由此而興，開今日劇本的先聲，以地域關係，元曲又有南曲、北曲的分別，明代有崑山縣人魏良輔者，對於元曲的音節，加以改良，創為崑腔。由是崑曲遂盛行於南方一帶。當時的北方，猶保守高腔及戈陽腔古調，未有崑曲滲入。後來乾隆帝南巡蘇浙，觀了崑劇，大為喜悅，遂攜帶了一班崑曲戲子，返回北平，由是崑腔劇，遂盛行於北土。但崑劇雖將簡單的高戈腔，改得複雜悅耳，而其唱詞，則仍沿用元人劇本，過於典雅，只能受文人學士的欣賞，而不為社會大眾所歡迎。到了滿清的中葉，安徽的徽調劇，湖北的漢調劇，前後流入北平，唱詞通俗，大眾容易了解，頗喜觀看，久之參以北方音調，因而化為今日的平劇，蓋所謂二黃者，即為黃陂、黃崗兩邑的土腔。其後陝西梆子腔，流入燕京，因其做作淫蕩，清末的京劇，二黃梆子二腔並行，到了民初，則梆子腔漸被淘汰了。

滿清時代的平劇，最重唱工，故對於老生伶工異常崇拜。其次則為武生戲，對於花旦戲不甚注重，從未有以旦角唱大軸子壓臺戲的前例。舊京往時最崇拜的老生，為汪桂芬、程長庚，余生也晚，未曾看見，余初到北平之日，正是譚叫天執戲界牛耳的時候，猶記狄楚青有〈庚子感事詩〉云：「家國興亡誰管得，滿清爭說叫天兒」，叫天在當時劇界的盛況可以想見。北平老生的唱工，今為汪、譚兩派，汪派即是汪桂芬的腔調，其聲音高亢而宏大，偏於剛性，極不易學。戲界傳其衣缽的人，只有一個王鳳卿，唱時面紅耳赤，力竭聲嘶，見之令人極不愉快。譚派近於柔性，聲音不很宏大，而含有韻味，學他的人，有余叔岩、王又宸諸人，然亦不過學到六七成而已。當時在武生中坐第一把交椅的，要推楊小樓，楊伶的武工作派，從容大雅，停腔落梆，不疾不徐，尤其是他的說白，高亮而有韻味，與亂跳亂叫的海派武生作風，不可同日而語。當楊小樓在世的時候，已不曾看見有一個學他而似的武生，何況在幾十年以後的今日呢。

五十年前，在北平唱青衫最負威名的，為陳德麟，因為他住在石頭胡同，戲界稱他做陳石頭，而不稱其名，以表示尊敬的意思。梅蘭芳之流，皆為其拜門的徒輩，他的嗓子，高亮而富有韻味，戲學淵博，二黃崑曲，無一不精。同時尚有王瑤卿，亦在青衫界負有盛名，王戲到了中年，嗓子失潤，只能以白口劇見長了。

從前平劇中的旦角，分界很嚴，唱正旦的專唱正旦。唱花旦的專唱花旦，不相混淆。梅蘭芳學的是閨門旦，出臺的前數年，並無赫赫大名，後經捧角文人羅掞東之流，採用佛經中的故事，為梅蘭芳編一齣《天女散花》新劇，載歌且舞，合二黃崑曲西舞為一爐而冶之，大為觀眾所歡迎。由是再編《上元夫人》、《霸王別姬》諸劇，梅戲的叫座能力，一天高似一天，與梅伶同時的程艷秋、尚小雲，荀慧生輩，均各邀請文人爭編新劇。這個時候，叫天死了，小樓老了，老生武生皆均一落千丈，遂造成所謂「四大名旦」的新局面。自此以後，戲臺演劇，幾乎非有女性半女性的新式旦角，不足引人入勝，而為昔日平劇中心的老生劇與武生劇，便成了古調雖自愛，今人多不彈了。

我這篇文章是觀女伶觀劇後，買醉歸來起興而寫的，讓我再來談談古今女伶的故事。

論語云：「齊人歸女樂，季康子受之，三日不朝。」此為女伶見於經傳記載的第一次。季康子看見了女伶子，便請假三日，不見長官，不辦公事，這位先生，可算得是千古第一的女伶迷了。戰國的時候，邯鄲為女伶出產的地方，民間生了女孩子，均令其學習歌舞，所穿的鞋子，名叫跕躧，其步伐別具風格，他方的孩子，學其步伐者，皆不能及，致受邯鄲學戲的譏諷，那時候的邯鄲歌舞，與楚國的細腰女郎，都是同一負有盛名的尤物。後來漢武帝的李夫人，亦是由邯鄲女優出身的，觀李夫人的阿兄李延年，所作的北方佳人歌，及李夫人逝世時候，所說我乃出身倡優的話，便可證明其為邯鄲女優，毫無疑義的。後來在漢朝做過皇后的趙飛燕，各種記載，莫不稱其身輕善舞，則趙皇后亦是女優出身的一人，這都是女伶界最出風頭的人物。

三國時候的曹孟德，一代英雄，而其臨死時的遺命，令生前隨身的歌舞妓女，每日對其靈床，按時作樂，這位先生的女伶迷，可謂至死不悟。尤其可笑，同時與曹孟德作敵的周瑜，亦是一個女伶迷，當時吳國有一個流行語云：「曲有誤，周郎顧」，後來唐人有詩云：「欲得周郎顧，時時誤拂絃」，可見周郎所顧者，為女伶的曲子，因為女伶慕其豐采，故特行誤絃，令其顧盼，若為男伶，則為什麼欲邀其一盼呢。六朝時候的謝安，高臥東山，調絲品竹，挾妓遨遊，原來這位謝大傅，也是一個女伶迷。至於陳後主，則更迷而又迷，他作了一個曲子，名叫〈玉樹後庭花〉，鋪金蓮花的地面，而令潘妃歌舞於金蓮之上，謂之潘步蓮花，淫縱奢侈，宜其亡國，後人詩云：「商女不知亡國恨，隔江猶唱後庭花」，這是一個女伶迷的前車之鑒。白香山〈長恨歌〉云：「風吹仙袂飄飄舉，猶似霓裳羽衣舞」，可見唐明皇所作的〈霓裳羽舞曲〉，原是為楊玉環而作的，由此看來，則肥碩善舞的楊玉環，實為一個胖女伶，又是一個無可置疑的事。杜少陵作有一個〈觀公孫大娘弟子舞渾脫劍器歌〉，將兩個女伶的武工技術，描寫得生龍活虎一樣，更可見唐代女伶的武工技，亦大有可觀。

唐宋兩代的豪門，均有家蓄女優的習慣。杜牧之以御史作東都的分司，有一次赴豪門讌會，見女優中有最美的一人，名叫紫雲的，便戲語主人云，可否以這個美人給我帶回家去，賓客聞之，滿堂為之鬨笑，牧之因賦詩云：「華堂今夜綺筵開，誰喚分司御史來，忽發狂言驚滿座，兩行紅粉一時迴。」

宋代的陶穀學士，在大雪的時候，正在寫作詩文稿子，適有一個歌姬來到書齋，這歌姬原是黨將軍家裡來的，陶便問云：「你們黨將軍遇著這樣的天氣，作何消遣呢。」歌姬答云：「他是武人，他遇著這樣天氣只知圍爐吃羊羔美酒。哪裡比得學士的清高，在諾大雪天，尚撰修史書，執筆不放啊。」陶穀笑云：「如此天氣，飲酒聞歌，亦復佳極。」蘇東坡作〈方山子傳〉，稱方山子，昔在洛陽，家蓄聲妓。又南宋人罵賈似道，有歌舞湖山，不圖振作的話言，此皆為唐宋豪門家蓄女優的證明。

明朝人的文字，多述男伶及名妓的故事，對於女伶，頗少記載，例如侯朝宗的〈馬伶傳〉，描寫男伶，栩栩欲生。此外余懷清的《板橋雜記》，及其他筆記書籍，多寫名妓馬相蘭、卞玉京、柳如是、李香君的艷事，皆所謂傳妓的作品，惟有吳梅村所作，〈圓圓曲別敘〉云：「皇戚，周奎，以吳門聲甲天下之聲，色甲天下之色，因以千金聘得圓圓北行，初欲以解九重之鬱悶，拒而不納，後以時危，須倚吳三桂保家，招之家讌，而以圓圓歌舞侑酒，因以贈之」云云。觀此則圓圓為一女伶明甚，此為明人紀述女伶的稀有作品。

清代因《大清會典》中，有禁止官吏狎妓禁令，而狎玩男伶，則不在禁令之例。由是北平專重男伶，而女伶無人顧及，到了晚清的上海，始有名叫髦兒班的女伶院出現，尚是男女分班，聲勢極弱，不為觀眾所注重。至於北平，則更為男伶勢力所封鎖，女伶幾乎不得越雷池一步。到了民國初年，方有女伶涉足北平，如鮮靈芝、劉喜奎輩，演劇的技術，頗有可觀，老詩人易實甫，名記者劉少少，爭為詩文，大捧其場，遂造成輕男重女的趨勢，此是近數十年伶界的一大變遷，亦是女權伸張的一個表現。

余自離開了北平，辦報於哈爾濱，轉徙於巴蜀，後又流寓於春申，對於海派的平劇，不很欣賞，故此廿年來觀戲不到廿次，自到了臺灣，乃應朋友的邀請，數次觀看了女伶的戲劇，唉唉，滿天的烽火，死傷盈於道路，是聽歌，還是聽哭，我實實在在分不清楚呢。

中國歷史上之四大女皇

《紅樓夢》小說上，有兩句名言：「女兒是水變成的，男子是泥變成的。」這就是說女子清而男子濁，乃是一種尊女而卑男的說法，大足為娥眉吐氣，我以為此等說法，尚不足以形容男女性質的差異。試思自古及今，凡人類之一切毒惡行為，大之國際戰爭，次之國內戰爭，小之殺人放火，都是這一班惡魔男子醞釀而成，大凡所謂英雄豪傑，所謂勇敢有為，都是一種煽動之詞，這就是人世間所以治世少而亂世多。假令人類性情，盡如女子之溫厚仁慈，與惡性男子參雜其中，則人世間必可達到莊子所云無為而治之理想世界，又安至蝸爭蟻鬥，永無休止之日。

中國舊時代，一向把女子不當人看，聖賢從書籍中屢屢叫出男尊女卑之口號，且有惟女子與小人難養也之言，竟將女子與小人混做一堂，我不知道這位大聖人是女子產生的，還是枯樹裡炸出來的呢？《禮記》又有內言不出於閫之訓條，無異將女子永遠監禁在深閨之內不能一見天日。自陳後主之寵妃步步蓮花的舞風流行以後，女子視纏足為美，無異將全體女子，一律暫斷雙足，此種違反人道的行為，古來號稱賢達之士，不聞有起來糾正的，真所謂聖其所聖而賢其所賢，並不是我之所說的聖與賢。古話說：女子無才便是德。考其立意，認為女子一有學問，便難駕馭，不能聽從惡男子的奴役驅使，而不能施行所謂從一而終的訓條，男子則三妻四妾，去取自由，女子則總依著一個臭男子從一而終，試想世上有此情理麼？女子既以無才無學為訓條，由是世上女子皆變為不識字的青盲瞎子，可以說是一件慘不忍睹之事。女子因家有賢父兄曾受教育而以詩詞傳於後世者，如漢代之唐山夫人、王昭君、卓文君、華容夫人、班婕妤、趙飛燕、蔡文姬，南宋之李清照等，以才女見稱於後世者，不過女性中萬分之一耳。古代之昏庸君主，將天下之佳人淑女，幽禁後宮，動輒數千，白香山詩云後宮佳麗三千人，杜少陵詩云先帝侍女八千人，此皆記唐明皇幽禁女子之事實，此種淫惡君主，不但該鞭屍示辱，且須暴骨揚灰，方足以洩天下不平之氣。

近五十年來，歐風東漸，中國婦女始漸次解放，最堪記述者第一為解除纏足的痛苦，第二為解除幽禁之殘暴。但是就實際言之如教育問題、職業問題、政治立場問題等等，可以說是全未貫徹，有其名而無其實。近代談國際政情的，莫不對於英國女王世襲一事，津津樂道，實則英國實行議會政治，所謂女王者，不過戴上一頂王冠而已！這種王冠若以男子戴之不甘雌伏，發生枝節，英國以女王戴之誠為恰當之至。中國號為奴視女性之民族，豈知其歷史上的女皇帝，竟達四位之多，且皆手握實權，震耀千古，豈不是歷史上的奇蹟嗎？茲分別記述，聊為娥眉一吐不平之氣。

煉石補天之女媧氏，實為中國太古時期的第一位女皇，當時天傾西北，地陷東南，這位女皇女媧氏，乃煉石補天，欲以彌補世間之一切缺陷，其救世的宏願，堪與釋迦、耶穌諸大教主嬝美。太古時期，尚無文字，故記載不詳，然既為周秦諸子所艷稱，其必有此女皇，自屬毫無疑義。

能斷能謀之漢呂后。漢高祖以亭長小民，當秦二世施行暴政，民怨沸騰之際，乘機起事，推倒暴秦，復與革命同志楚項羽互相火拼，居然統一天下，威加海內，固尤其雄才大略，有以造成之；然其髮妻呂雉亦不無內助之力，當漢高祖督軍征叛之際，韓信則謀在首都起事，傾其根本，呂后乃偽稱漢高祖征叛戰勝，令文武百官齊集朝賀，乘機斬殺韓信，除滅危機，此固出於蕭何輩之策劃，然非呂后之剛毅果斷，又安能不動聲色，立斬大將於鐘室之中。及漢高祖寵愛戚夫人之子，有廢嫡立庶之意；呂后復不動聲色，採用張良之獻議，招致商山四皓，以為太子之輔，使漢高祖憚其聲勢，不敢再萌立庶之念，乃令戚夫人作楚舞，而自唱楚歌，即古詩所傳鴻鵠高飛，一舉千里之歌是。後代之人，讀文者，莫不哀之。及漢高祖逝世，呂后專政，乃斬斷戚夫人之手足，名為人彘，此種行為，全無人性，足見呂后為人，全屬險惡一流，毫無仁德性可言，後來呂后專政，引用呂家子弟，把持朝政，劉家天下，幾乎搖搖欲墜。當時劉家子弟，有朱虛、劉章作非其種者鋤而去之耕田歌，以表抗拒呂家弄權之意，呂后亦能容之，足見呂后之為人，非尋常婦人，可相比擬。

金輪大皇武則天。歷來女皇專政不甘雌伏，居然以帝號自娛者，要以武則天為開山祖師，則天號為金輪大皇，此固由左右獻媚之輩所上尊號，然彼居然受之不辭，亦為中國女界僅見之事，不讓英吉利獨佔女皇之冠，亦屬趣事。則天臨朝聽政，雖不為禮法之士所喜，然並未禍國殃民。

當時徐敬業輩發動討君之師，傳檄遠近，亦無非拘於朝代觀念，且欲乘機出頭。則天見駱賓王所作〈討武檄文〉，讀至「一抔之土未乾，六尺之孤何托」一聯，嘆曰：國中有如此文士，而朝廷未加羅致，此宰相之過也。此可見武氏在當時頗以羅致人才為意，較之歷代庸碌君主，惟聽善禱之詞，絕無求才之念者，豈不高出萬萬嗎？當時有人譏武則天廣蓄面首，認為穢德彰聞，致世間流傳「人言六郎似蓮花，我謂蓮花似六郎」之艷語，我則謂歷來昏淫君主無不妃嬪無數，則天既稱左輪大皇，僅蓄三數面首，又有什麼可譏刺的呢？

兩次訓政遜清西太后。近代歷史家，皆云遜清朝運，開始於攝政王，亦結束於攝政王，此特就結束之形式上言之，實際上朝運結束之遠因，實由母后兩次臨朝聽政之故。在舊社會時代，漢族婦女纏小足，儼如菱角，閉在深閨，見了生人，長畏縮縮，不能出一語。滿族婦女則反是，天足寬衣，家有賓客，主婦必出招待，一口應酬語言，說得有條有理，漢人見之，莫不驚服。若以教育學問而言，亦與漢族婦女，不相上下。遜清末季聽政多年之西太后，可稱為滿族婦女中之代表人物，有謂遜清之亡，亡於西太后之臨期，責之未免過甚，不知誤國之輩，另有親貴及庸頑之權貴。西太后不過抱個小孩，做個傀儡而已，安足責哉！西太后臨朝時，發生三件大事，一為甲午中日之戰，一敗塗地，割除臺灣，賠去巨款。二為推翻戊戌維新。三為鬧成義和團事件。當時朝野有識之士，以日本僅為一小國，變法維新，不過二十餘年，便國富兵強，戰勝我國，中國欲雪戰敗之恥，非變法維新不可。翁同龢、康有為之流，多方運動，其時光緒帝方在弱冠有為之時，亦力持其議，但為頑固無識之榮祿輩所反對，因擁西太后二次臨朝聽政，幽禁光緒帝於瀛臺，不獨變法維新，澈底推倒，且釀成義和團事件，致遭八國聯軍攻入北京之慘禍，由是遜清信望，對內對外，均一落千丈，而革命思潮，遂風起雲湧，一發而不可收拾，此遜清朝運盛衰之重要關頭。假令戊戌變法維新，全國一致實行憲政，則如日本國之掛上一塊木偶皇冠招牌，不獨遜清之朝運，可以倖而得保，而五十年來全國兵燹慘禍，或可倖而得免，亦未可知。然誤朝運誤國事者，皆出於當時頑固無知識輩，西太后不過一被人玩弄之小木偶而已，若以誤國之罪歸之，則實可謂冤哉枉也。

上述四位女皇，女媧氏可稱仁德聖皇，呂后武則天，頗有才幹足述，至於西太后者，不但德無可言，才識二者，亦皆不能與呂武二氏相提並論。

美人才女古事今述

筆者按：中國古代，有虐待女子的習慣，創為內言不出於閫之教條，不但把女子作了奴役，且將女子幽禁深閨，作了囚犯，可謂暗無天日之至！但是女子而有奇特行為，或有文藝表現於世者，則文人學士，莫不視為珍寶，詠嘆不已，比之對於男子興味更濃，蓋所謂物稀為貴也。余用是將古代著有奇蹟之美人才女五十餘人，以鬆動文字，加以敘述，俾今日之女同胞讀之，有所感奮興起焉。

古今第一女學人曹大家

中國二千年來，婦女界之大學問家、大文章家，當以班昭為第一人。班昭，號惠班。其父班彪，為東漢名人。長兄即投筆從戎建功西域封為定遠侯之班超。次兄為編著《漢書》之班固，班氏一門，家學淵源，可稱為東漢之學府。班昭十四歲，嫁與同郡曹世叔為妻，不幸世叔早卒，班昭撫孤守節，志凜冰霜。其次兄班固死時，所著《漢書》，尚有〈天文志〉八表未成，當時之漢和帝，知班昭學問淵博，乃詔班昭續修班固《漢書》，由是班固之名著，乃得完成，流傳後世，可稱為著作家之奇蹟也。和帝對於班昭學問品德，欽佩異常，乃令皇后貴嬪，事以師禮，教授學問，稱之曰曹大家，以示尊敬。外邦有貢獻品者，和帝必令曹大家作賦頌揚，一時傳為盛事。

班昭長兄班超，久鎮西域，年老思卸職歸鄉，屢請未允。和帝允元十二年，班昭代為上奏云：「臣妾胞兄班超，自幼立志報國，建功絕域，肯鄉離井，至今達三十年之久，骨肉相離，不復相識，隨行袍友喪亡殆盡，妾兄年已七十，老邁負病，頭髮全白，舉止不遂，朝不保夕，萬一蠻夷悖逆侮老，起兵作亂，或者妾兄忽然病故，接任無人，必開亂端，不免上損國家威望，下喪妾兄一世英名。妾兄近寄信與妾訣別，恐無由相見，實令妾傷感萬分，故敢冒死代請，乞賜召還，使骨肉得以重聚，西域無倉猝之憂。……」和帝見了班昭奏章，大為感動，即允召還。由是老將班超，遂得生入玉門關矣。

未幾，和帝崩，殤帝年幼即位，鄧太后臨朝聽政，事無大小，皆取決於班昭，班昭遂為事實上之女宰相。鄧太后乃封其子曹戎為關內侯，官拜齊相，以酬其勞。當時漢書甫經問世，學者多未能通習，乃詔扶風郡學人馬融，伏於閣下，從班昭學漢書。曹大家不獨為宮廷教師，且進而為一班男學人之老教師，此在古代，可謂從來未有之事。

至漢安帝永初中，鄧太后長兄鄧騭，為大將軍輔政，旋因丁母憂辭位，鄧太后猶豫未決，乃詢諸班昭，班昭上疏云：「大將軍今日功成身退，保有令名，是為上策，不然是禍發生，倘有差錯，豈非英名付流水，如欲保全今名，宜准其退位返鄉。……」鄧太后採納其言，准鄧騭辭位。

班昭之意，在減除姻婭干政之積習，不但為鄧騭一人打算也。

以一女學人而具此高遠見解，真可謂難得之至！班昭壽至七十餘始逝世，皇太后為之素服舉哀。生平除《續漢書》外，所作賦誄銘頌等共十六篇，由兒媳丁氏，為之撰成文集，並作曹大家讚於書前。著作者為女才人，編纂者又為其兒媳，一家兄妹姑媳，均為稀世才人，可謂歷史上獨一無二之盛事。

班昭在六十歲時，曾作〈女誡〉七篇，作為婦女格言，大抵以柔弱服從為主。此在舊社會所謂男尊女卑時代，乃為一種普遍教材，而在今日視之，固有大部分須加改正之處，然其孝友和睦勤儉諸訓條，則仍當以格言讀之也。

掌上可舞之趙飛燕

古代之世襲君主，居深宮之中，日與宦官宮妾為伍，不識不知，自以為尊貴無比，實則等於一幽禁地獄之木偶耳。淫蕩之君，亦有不甘於幽閉深宮者，漢之成帝，即其一也。

漢代之世族，以金張兩姓為盛，金為金日磾之後人，張為著名酷史張湯之後人。後世詩人，以金張為豪門世族之代名詞，富平侯張放，係張湯後人，為成帝之狎友，成帝常與張放微行里巷，自稱富平侯家人，以為掩飾。一日微行至平陽公主家飲宴。見歌女趙飛燕，身輕善舞，為之心醉，召入宮廷，寵愛異常。而這位掌上可舞之趙飛然，乃是一個陰毒無比之惡女流，見成帝妃嬪有懷孕者，皆譖而殺之。當時民間有童謠云：「燕燕尾涎涎，張公子，時相見。木門倉琅根，燕飛來，啄皇孫，皇孫死，燕啄矢。」此歌之所謂燕，即指趙飛燕，張公子，係指張放，啄皇孫，指飛燕之譖殺妃嬪有孕者，用意顯然，蓋當時有識之士，作歌以諷刺成帝，特托名童謠耳。

成帝既無嗣，王莽因得竊國機會，而漢之朝運，因之消滅。趙飛燕出身歌女，家有寶琴，名鳳凰，飛燕善彈「歸風送遠操」，其詞云：「涼風起兮天隕霜，懷君子兮渺難忘。感予心兮多慷慨。」此操或為當時之流行歌曲，飛燕特擅長此琴曲耳。傳者謂此調係飛燕所作，恐未必然也。

班婕妤擅長文學，原為成帝所寵，後見趙氏勢盛，恐為所傾害，遂求供養太公於長信宮以避之。婕妤因作〈紈扇詩〉以自悼焉，其詩云：「新裂齊紈素，皎潔如霜雪。裁成合歡扇，團團似明月。出入君懷袖，動搖微風發。常恐秋霜至，涼飈歎炎熱。棄捐篋笥中，恩情中道絕。」婕妤作怨詩，而以比喻出之，可謂立言得體矣。

王細君之悲愁歌

漢朝時代之外患，以匈奴烏孫為惟一敵人，時戰時和，戰則暴骨原野，所謂「可憐無定河邊骨，猶是深閨夢裡人」是也；和則每以民間美女，偽裝公主，以妻可汗，所謂「一去紫台連朔漠」是也。和番之王昭君，久已為詩人所致慨，乃漢朝和番之假公主，竟有兩個才貌雙全之「王昭君」真乃不可思議之事。

所謂第二王昭君，即偽裝公主遠嫁烏孫之王細君是也。細君為江都王建女，貌美能詩，漢朝將其遠嫁烏孫王昆莫，以為懷柔遠人之犧牲品。細君到西域後，見烏孫王昆莫年老，又言語不通，精神上之打擊，殆較王昭君為尤甚。細君乃作悲愁歌以抒恨，其歌云：「吾家嫁我兮天一方。遠托異國兮烏孫王。穹廬為室兮氈為牆。以肉為食兮酪為漿。居常思土兮心內傷。願為黃鵠兮歸故鄉。」

此歌描寫游牧生活及懷土思歸之念，極為深切感人。細君無青塚故事，但有此歌，流傳於世，故不若昭君之為詩人所艷稱也。

胡笳十八拍之蔡文姬

一個弱女子，能以詩詞傳於後世，且精於音樂，創造新曲，為後世所仰慕，自古及今，當以蔡文姬為第一人。而身世之不幸，亦以蔡文姬為最。

文姬之父蔡邕，為東漢末季之文學大家，有盛名於當時。但其人熱中進取，誤投董卓懷抱。未幾，討董之師，紛起於中原，董卓歸於消滅，於是，附董之人，以附逆罪名，咸遭清算。司徒王允，將蔡邕交付廷尉，遂死於獄中。董卓既敗，所部羌兵，虜略中原婦女，挾之返回西域。文姬不幸，被虜西行，到西域後，虜婦女，皆分配與羌兵為妻，以文姬之多才，而與番人為配偶，其精神之痛苦，自不待言。

不久，曹操得勢，以與蔡邕為舊交，且素知文姬之才學，乃遣使往西域，迎接文姬，返歸中土。文姬自與羌人結婚，生子已八九歲矣。因思父母之邦，遂忍痛捨棄兒子，隨使者東歸中土。曹操以文姬孤苦無依，乃為作合，嫁於董祀。文在西域時，曾用胡笳拍曲，號為〈胡笳十八拍〉，為後世所艷稱。文姬嫁董祀後感懷身世，作悲憤詩，敘述遭亂入胡之痛苦。在漢詩中，為最哀感動人之作。

遠嫁匈奴之王昭君

古代之勢利小人，家有美女，多欲獻諸宮廷，冀邀君王之寵幸，以博取非常之富貴。漢元帝時，有王穰者，有女名昭君，美麗非常，且聰慧能詩文。王穰將其女獻諸元帝，希圖寵幸。當時元帝後宮，才人數千，以畫師毛延壽為宮人畫像，擇畫像之美麗者而召幸之，一如今日之看照相片以定美醜也。畫師毛延壽，因之大開賄賂之門，宮人家有送金行賄者，則為之錦上添花，畫成美像，不行賄賂者，則化美為惡，畫成醜像。王昭君家清貧，無力行賄，毛延壽遂將絕代佳人，畫成醜相，昭君入宮數年，不得一見元帝，異常抑鬱。

會匈奴王單于，議和求婚，元帝令宮人有願嫁單于者，自行呈報。昭君遂呈報，願嫁單于，元帝許之。臨行時，元帝循例召見，睹其美貌，冠絕後庭，何以向未一見，只以業已許其遠嫁，不便翻悔，乃遣之遠行。後查知毛延壽未得王家賄賂，故將昭君畫成醜相，使之不得召幸，元帝大怒，遂將毛延壽斬首，以洩憤恨。昭君以絕世之姿，遠嫁游牧之主，原為千古痛心之事，後世編劇，因之編成《昭君和番》劇，昭君宮裝麗服，飲泣吞聲，由太監及馬夫，擁之前行，一至塞外，則駱駝為馬，成隊來迎，描寫塞外風景，異常逼真。

昭君至匈奴，單于見之，大悅，寵愛異常，然昭君不樂也，回思在漢宮所受之委屈，非常不快，乃作怨思之歌以洩憤。後世之詞曲家，因譜成〈昭君怨〉之調名以寄慨。昭君在匈奴，鬱鬱不樂，不久之間，因病逝世，葬於塞外。塞外土地，徧地黃蘆，惟有昭君墓上，草色獨青，世人遂以「青塚」稱之。

杜少陵詠昭君云：「群山萬壑赴荊門，生長明妃尚有村。一去紫台連朔漠，獨留青塚向黃昏。畫圖省識春風面，環珮空歸月夜魂。千載琵琶作胡語，分明怨恨曲中論。」蓋對淤昭君遠嫁異域之身世，深致慨嘆；遂不覺其詩詞之哀惋也！

舉案齊眉之孟光

東漢時期之梁鴻，博覽典籍，意志耿介，不肯苟求利祿，家極貧苦，無人肯與為婚。有士人女孟光，幼受家教，志向高潔，其父母擬為擇婚，孟光告父母曰：「願得如梁伯鸞者而嫁之，雖受貧苦，所不敢辭。」父母乃為之嫁於梁鴻。婚後，夫婦偕隱於灞陵山中，以耕織為生，久之對時政有所感傷，夫婦遠赴江南，過西京時，作〈五噫之歌〉以寄慨，其歌云：「陟彼北芒兮，噫！顧瞻帝京兮，噫！宮闕崔巍兮，噫！民之劬勞兮，噫！遼遼未央兮，噫！」歌詞之意，以當時君主，只知建築宮闕，對於民眾之痛苦，全不注意，此種情狀，將繼續下去，而未有止境，唱一句歌，歎一口氣，故謂之五噫歌。其不滿時政，用意顯然，肅宗帝聞五噫之歌，大為感動，遣使招之，而梁鴻已過關南下矣。

梁鴻夫婦，行抵吳下，向一士人之家，賃傍屋以居，梁鴻代人舂米，以維生活，然每日飯時，其妻孟光，捧膳進食，舉案齊眉，恭敬異常。戶主見而異之，以為這一傭工，乃能令其妻敬禮至此，必為一非常人無疑，乃往請見，知為高士梁鴻，欽佩異常，商諸友好，共為資助。梁鴻逢此知己，亦不拒絕，由此隱居吳下，以琴書自娛，孟光賢妻之名，遂流傳於後世，舉案齊眉，亦成為珍貴之故事，文人學士最喜引用，至今不絕。

晉文公的三位流亡夫人

晉公子重耳（即晉文公）遭驪姬之難，亡命於他國，最初逃於與晉鄰近之狄國，狄君以其單身逃難也，配以女子，用慰寂寥。未幾，重耳將適他國，圖謀發展，乃語狄姬曰：「我將他往，請待我二十五年而後嫁。」狄姬曰：「我已二十五歲矣，再過二十五年，將就木，焉用嫁？請終身以待子。」狄姬之言，斬釘截鐵，可想見其人之不平凡也。

重耳行至齊國，齊又配之以女，重耳以齊姜貌美而柔順，頗有久居之意，不欲再往他國圖進取。齊姜勸之曰：「懷與安，實壞名，你何可久居於此，耽誤前程？」重耳拒其言，齊姜乃與重耳同亡之人，共為商量，假裝飲宴，將重耳勸醉，以車載之去齊，及中途酒醒，重耳大怒，對於從者，幾至拔刀相向，怒息仍前行。齊姜以一女子，而具此識解，以成就重耳未來之復國大業，可謂具有丈夫氣之女偉人也。

重耳行至秦國，秦亦以女配之。一日重耳拂水於地，灑及秦姬之身，秦姬語之曰：「秦晉匹也，何以卑我。」意若謂：秦晉為平等之國，我與你結合，亦雙方居於平等地位，你何以將我卑視，任意灑水於我身耶？重耳聞之，為之悚然，這位秦姬，不獨主張男女平等，兼能顧及國體，詞極慷慨，理由充足，使晉公子俯首無言，亦可謂婦人之雄也。

吹簫引鳳之秦弄玉

古代男女婚姻，全憑父母作主，尤其在女子方面，絕無選擇之自由，俗語云：「嫁雞隨雞，嫁犬隨犬」，足以證明當日女性之可憐狀況。然春秋時代，亦竟有貴族小姐自由結婚之故事，可謂奇蹟！

秦穆公之女名弄玉，喜吹簫，當時有男子簫史者，最工吹簫之技，弄玉聞其簫聲而好之，思慕不已。秦穆公憐其愛女之痴情，遂招簫史為駙馬，而以弄玉配之，並為特建「鳳臺」，以居其夫婦。自此簫史弄玉，月夜吹蕭，聲澈雲霄，久之，鳳凰聞簫聲而降其臺，蕭史夫婦乘之，同時仙去。秦穆公再為建「鳳女祠」以祀之。

此種傳說，雖屬神話，然吹簫引鳳，遂成為文藝界之名貴故事，至今引用之不絕。

卓文君當爐沽酒

司馬相如以作賦天才，放浪形骸之外，只以家貧，無力進取，年既壯矣，猶是單身漢子，無人肯以愛女嫁此窮書生者。知友王吉作宰臨邛，以書招之曰：「長卿何不來臨邛一遊乎？我在此可作東道主人也。」並餽之資金，俾備行裝。相如乃製華服，駕高車，欣然啟程。行抵臨邛，王吉迎於郊外，待以貴賓之禮，為眾人所注目，臨邛蜀中產鹽之區，多鉅商大賈。有卓王孫者，富甲一邑，諸富商見縣令有貴賓來遊，相與語曰：「我等宜設公宴，以盡地主之誼。」遂在卓府設宴，招待王吉及司馬相如。屆期，王吉先至，相如遲遲不至，王吉不敢嘗食，乃親自往迎相如，久之，王吉偕相如至，滿座皆為驚異。酒半酣，王吉捧琴送於相如之前曰：「素知先生琴妙天下，請奏一曲，俾得欣賞妙音。」相如乃奏〈鳳求凰〉之曲。卓王孫有女名文君，能詩能琴，出嫁而寡，回居母家，聞其父招宴貴賓，於簾內竊窺之，見相如文雅異常，業已心醉，及聞所奏求凰之曲，更不覺心花怒，思慕不能自已。宴會散後，文君便遣侍女至相如旅舍，致仰慕之意。久之書札往來，情投意洽，遂於夜間相偕逃遁。王吉之招致相如，其用意原在促成相如文君之結合，蓋以相如才士，文君才女，天生佳偶，因故設圈套，將相如假裝貴賓，於酒宴中，彈

〈鳳求凰〉曲，而以琴心挑之，完成好事。戲法變得極妙，竟得如願以償，王吉可謂巧於作媒人者矣。

卓王孫得知其女之與相如偕逃也，大怒曰：「女兒不肖若此，壞我家風，誓不以一錢與之。」相如偕文君回至成都，家徒四壁，貧苦無比。文君亦安之，久之文君謂相如曰：「我等何不返同臨邛，向親戚假貸，猶足為生，何必自苦如此？」相如乃與文君往臨邛，租一臨街小室，沽酒為業，相如親自滌器，而以文君當爐，作沽酒之婦。此種布置，亦是一種戲法，蓋知卓王孫必以兒女作此等下賤生活為恥辱，終必給以財產也。

卓王孫聞之，果以為恥，閉門不肯出戶。友好聞之，語卓王孫曰：「君一子一女，資產有餘，相如雖貧，而富有才學，為一前程遠大之人，況相如為縣官上客，安可使其困辱至此耶？」卓王孫乃以資產給之，相如頓成富翁，即偕文君至漢京，謀發展，家既富有，便於交際，由是相如文名，冠於漢京，得任郎官之職。

當時陳皇后失寵於武帝，退居長門宮，聞相如擅長詞賦，乃餽以黃金五百斤，令其作賦，感悟武帝。相如乃為作〈長門賦〉，描寫陳后寂寞憂愁之狀，武帝觀之，大為感動，遂與陳后相好如初。相如所作〈長門賦〉，不過千餘字，所得酬金，竟達黃金萬兩之多，今日之窮途作家，撰文萬言，所得酬金，不過破爛紙票數張，讀到此文，當必感慨系之。

相如既富且貴，有納茂陵美女為妾之意，文君作〈白頭吟〉以絕之，相如為之感動，納妾之念，為之打消。後來相如患有消渴之疾，退居茂陵，唐人因有「茂陵風雨病相如」之詠。相如旋因病逝世，文君竟作二次孀婦，亦可憫矣！余前歲因隻身羈旅，曾戲作求凰曲以抒感，承河間女史天台仙子賜和，文藝界引為談資，玆附拙作，用博讀者一笑：

長卿放誕嘆絕倫，雍容車馬裝貴賓。求凰一曲挑才女，風流韻事照千春。我才不及長卿宏且麗，家徒四壁如其貧，我貌不及長卿都且美，短髮種種白如銀。今日將軍皆好武，長門賣賦鮮問津。今日風塵多俗吏，雅令王吉無其人。隻身海外感孤寂，求凰作曲漫效顰，不慕卓氏富，不羨文君文。但願荊釵布裙半老婦，與我天涯海角伴黃昏。方今萬姓傷轉徙，室家為累憂如焚。桐鳳雙棲豈易事，求凰譜曲聊云云。

是耶非耶李夫人

漢武帝是一個好大喜功之人，身為帝王，猶以為未足，乃至欲求長生不老之仙方，以逞其無窮之慾。然此公亦是一位多情之人，當時有伶人李延年，擅長歌舞，漢武極為欣賞，李延年有妹美麗異常，復能歌善舞，李伶欲將其妹獻諸宮廷，以圖恩寵。一日漢武在平陽王家飲宴，李延年登場，且唱歌云：「北方有佳人，絕世而獨立。一顧傾人城，再顧傾人國。寧不知傾城與傾國，佳人難再得。」漢武聞歌，歎息曰：「世間安得有如此佳人耶？」平陽王因言李伶有妹，天生麗質，人間罕見，此歌即為乃妹而作也。漢武召見李妹，驚為絕色，錫以李夫人之號，寵愛異常。但是佳人多薄命，不數年間，便患重病，臥床不能起，漢武往視之，李夫人以被蒙頭，不肯露面，但以照顧弟兄為托。漢武悵然而退。左右問李夫人曰：「皇帝欲睹夫人面貌，何以遲不肯見？」李夫人曰：「我乃一歌舞伶人，皇帝之愛我，不過愛我面貌美麗耳，今滿面病容，若令其見之，將生厭惡之心，又安得再有思慕之時耶？此我所以不肯以病容示之也。」李夫人將歿之際，猶慧心若此，真可謂善於固寵者矣。

李夫人逝世後，漢武思念不已，有方士齊少翁者，自云能招致死者之魂，現於室中，乃夜設燈燭、幃帳，令武帝坐帳中遙望，果見美女如李夫人之貌，出現室中，武帝愈加悲感，乃作歌云：「是耶非耶！立而望之，翩何珊珊其來遲？」齊少翁之幻術，有似乎今日之電影，亦奇事也！武帝思念李夫人不已，泛舟昆靈池，其時日已西沉，涼風激水，乃作〈落葉哀蟬曲〉，以誌傷感，令女伶歌之，其曲云：「羅袂兮無聲，玉墀兮塵生。虛房冷而寂寞，落葉依於重扃。望彼美之女兮，安得感余心之未寧。」觀此曲之哀感動人，則漢武之多情，與李夫人之惹人思慕，均可想見矣。

桃花夫人故事

春秋封建時代，齊、晉、秦、楚，稱為四大國。其餘小國，無力抵抗，任其侵略壓迫，生生滅滅，不能自主，一如今日之被保護國，聽憑宗主國之支配。當時之楚王，尤為昏暴，淫奢極慾，以女子細腰為美，楚國之婦女，一律束腰，遂成為一時之風氣，有如後世之纏足，故後代詩人，對於楚國之宮廷，以細腰宮稱之。

楚之鄰國，有二小國，一為申國，一為息國。息君之夫人嬀氏，為絕色佳人，楚王聞而羨之，遂以申息國境之爭為藉口，統率大軍，攻滅息國，將息君夫婦，俘虜回楚，以息君曾經抵抗楚師，罰作看守城門兵役以辱之。楚王之滅息，主要目的，原在取得息夫人，肆其淫慾。息夫人被虜入楚宮以後，任楚王姦淫，不加抵抗，但終日默默無言，一語不發。初時楚王以為婦女含羞作態，不以為異，久之年復一年，仍然啞口無言。楚王乃迫問息夫人一言不發之故？息夫人被迫問，乃告之曰：「妾為亡國之妃，且失身再嫁，不能守節，有何話說！」楚王心知其意，不復追問。息夫人入楚宮後，已生二子矣，但是一言不發如故也。

一日楚王出遊於雲夢之野，息夫人乘機出宮，尋訪故夫息君於城門之下，相抱痛哭，語息君云：「妾所以忍辱偷生，不即自殺者，誓欲與君作最後之一面耳，今已得見，妾願畢矣，請即自殺，黃泉相見。」息君阻之不能，息夫人頭觸堅石而死。息君目睹夫人之殉身，亦同時觸石而亡。楚王遊罷歸來，得知此事，深為感動，乃以諸侯禮節，將息君夫婦合葬於漢陽城外之桃花山，後世之文人學士，有感於息夫人之忠烈，乃在合葬之處，建立一祠以祀之，稱為「桃花夫人廟」。故後代詩人詞人，對於息夫人，咸以桃花夫人稱之，唐朝詩人杜牧，過漢陽，曾到桃花夫人廟憑弔，題詩一首云：

細腰宮裡露桃新，脈脈無言幾度春。
至竟息亡緣底事，可憐全為墜樓人。

杜牧之此詩，將息夫人與綠珠作比，一則因美人破家；一則因美人亡國。二美人均能身殉故主，故後代詩人，為之憑弔不已！

縱橫百變之楊度

我國歷來有一種諛墓之文，只誇其長，不說其短，唐宋以下之史書，大抵根據墓誌銘撰成者居多。到了今日，更有派系之分，為甲派執筆者，只說甲派之長，乙派丙派亦然，千篇一律，無不相同。我是一個閒雲野鶴，執筆敘述往事，惟期述其真相，絕無絲毫愛憎之見，存乎其間。我與楊度，同鄉同學，往來數十年，今彼之墓木已拱，我既寫《憶往錄》，勢不能捨棄此項珍怪之資料，既寫彼之生平，又不能不存其真相，世人騾睹之，必以我為薄於舊情，不為隱諱，奈楊氏為人，完全是一位縱橫百變之流，我不能不據實描寫，楊氏在地下，倘有知覺，必將點頭，曰：「故人知我，故人知我！」

楊度為湖南省名儒王湘綺之門徒，他所學的，不是儒家之學，而是鬼谷子縱橫之術，他具有口辯天才，下筆又萬言立就，在東京留學界，大出風頭，每次學生集會，皆有楊氏演說，滔滔不絕，抄而錄之，便可成為一篇具有條理之文章，因此楊度二字，留學界無人不知，但他是一位縱橫家，他的政治主張，是隨時變化，千變萬變而未有已的，他的急功近名之心，又過於急切，而清末以來之政局，無不瞬息瓦解，因此楊氏一生之政治投機，一一歸於失敗，曰其無一定宗旨，有以自取之也。楊度之縱橫變化，可分為六個階段：（一）為刺客時期；（二）為組織革命團時期（不是同盟會）；（三）為主張滿清君憲時期；（四）為發起國事共濟會時期；（五）為擁袁稱帝時期；（六）為作共黨頭子時期。世間於楊度之擁袁稱帝，無人不知，而於其最初作刺客，是後作共黨之兩個階段，知之者絕少。我今特為一一寫出，以見楊度之變化迅速，乃其一生節節失敗之主因，足為後來縱橫家前車之鑑。

楊度之作刺客，乃出於一種歷史上之好奇心理，蓋以張良聯結壯士，擊秦王以博浪之椎，名震千古，故羨而慕之，是時楊度方在壯齡，血氣方剛，故有此冒險行動，因當時滿族鐵良方巡視南方，極為跋扈，留學界對之，深為懷恨，楊度乃請一日本工學家，為造炸彈謀刺鐵良，因普通炸彈，不便攜帶，乃製造棉花火藥，可以混在棉絮中，毫無痕跡，用時則裝入鐵箱，以硫酸引火，可以爆發。余曾以少許藥棉試之，果與火藥無異，楊氏所約之壯士有二人，一為石潤金，為我同邑一酸秀才，竟肯擔力士之任，亦是奇事；一為劉君（忘名，劉君後學海軍，曾任北政府海軍部司長）。楊度率領二壯士，同到上海，楊度留滬，二力士則往南京，將炸彈埋於南京要道，鐵良外出時，二力士曾按引線大針，該炸彈竟未爆發，與博浪一椎之擊而不中，同一結果。但當時未經發覺，故其事不為世人所知耳。

五十年前之留日學生，年齡三十、四十不等，皆在國內有舊學根底之人，所謂留學者，不過一種研究課程而已。其時湖南留學界，最為同人同情者，有二人，一為楊毓麟，一即著《猛回頭》之陳天華。楊毓麟之文字，富於刺激性，且與陳天華同一性質，為人極富於情感，望之大類披髮行吟澤畔之屈原，主張革命，異常激烈，故同人多信仰之。楊毓麟自東京返滬，企圖實行發動革命，乃有華興會之組織，參加者有楊度、蔡鍔、黃克強、章士釗、蘇鳳初、張繼、徐佛蘇、方叔章及余等數十人，設辦事機關於上海新閘之眉壽里，懸一牌曰：「大陸圖書公司」，以資掩飾。內備有鑄造炸彈之鍋爐及化學藥品，凡自日本歸來之同志，均在長崎購有手槍數枝不等，至於革命經費，說來好笑，是假銀洋二萬餘元，此款是泰興縣知縣龍璋所送，因龍璋與楊毓麟為同縣人，楊向其求助經費，龍璋方在泰興縣境查獲假銀元一宗，便以此物贈之。

華興會之組識，擬定會章十餘條，由楊毓麟主稿，內有一條，規定會員同人，分途到各方面，運動革命，有到軍隊去的，有參加滿清政府機構的，視各人之環境關係，而自行認定。但有一節嚴格規定，若三個月以內，無成績報告者，由本會予以槍殺之嚴厲制裁。當討論會章時，楊度對於此點，堅決反對。其所持理由，謂不相信之會員，自然不可濫收。既收之而又加以桎梏約束，則人人有槍殺之憂，尚有何心，計畫大事。此項規定，因而取消。楊毓麟之此種主張，固不合當時之事實，而楊度之堅決反對，即可見加入何種團體，並無堅決之意志，惟忍為團體所束縛，不能縱橫百變耳。華興會正式成立之際，舉行一種梁山泊歃血為盟之儀式，所謂歃血者，並非歃雞狗之血，乃是用刀劃破手指滴血於盟約之上，以表示堅決之意志。該會成立後，方由各會員，自行認定走向何方，分途運動。適有安徽人萬福華與其鄉人數人，以原任安徽巡撫王之春，巡撫任內，曾將安徽鑛產，售與外人，謀殺之以洩公憤，乃假托某紳士之名，約王之春在西菜館晚餐，王之春如約而至，萬福華方摸出手槍之時，適為王之春隨從所見，迅即抱住萬福華而奪取其槍，萬福華被捕下獄，同謀之人，隨即逃走，捕房方在偵查同謀之人，是時住在該會之章士釗，年方二十餘，對於法律上一切常識，可謂全不分曉，又不商諸同人，竟自單獨一人，前往巡捕房，訪問萬福華，表示欽佩壯士之意，捕房問其居址，章亦據實以對，彼全然忘記了寓中之一塌糊塗，真可謂是一個癡孩子。由是捕房將章士釗扣留，立派巡捕包圍該會房屋，入內搜查，則見手槍炸彈、化學藥品、鑄造爐、假銀元等等違禁物品，觸目皆是。即將屋中人，捕入捕房。余與黃克強、張繼等數人，方招待江南統兵官郭人漳，在戲院觀劇，演的是梁山泊結義一劇，大家興奪異常，看完了戲，同到酒樓小飲，方邀同郭人漳緩步歸寓，商量祕密，余在前行，見門外站立巡捕多人，極為驚訝，不敢遽入，而張繼竟若未睹門外站立之赳赳武夫，逕行入內，巡捕遂將一行九人，全數逮捕。

楊度住在他處，楊毓麟則適外出，未遭捕獲，郭人漳為江西統兵官，當時任上海道之袁樹勛，為其同鄉人，派人向英領事說明誤補之原因，數日以後，即獲開釋，黃克強在湘運動革命失敗，甫經逃滬，且湘撫俞廉三曾懸賞五百串，通緝捕拿，較為危險，乃商得郭人漳同意，作為其文案（當時秘書稱為文案）與真文案趙升與郭人漳先行出獄，余及章士釗、張繼、徐佛蘇等九人，則繫獄候審。楊度、楊毓麟函東京學界，呼請營救，那時的學界，真是熱心，立開同鄉營教大會，由數十個窮學生湊集一千餘元，派劉庚石為代表，攜款來滬，進行營救，聘一英國律師出庭辯護，並由上海道袁樹勛示意會審委員，加以維護（是時上海租界，施用領事裁判，中國派一會審委員，列席而已，一言不敢發。）惟萬福華判處十年徒刑，我等八人，約以證據不充分，宣對於此種學說，不感興趣，淡焉視之，惟滿清喜談富強之張之洞、袁世凱等，則視楊度為穩健派，頗贊成其說。當時滿清政府，方懸掛預備立憲之假招牌，正需要幾個新學有名份子，藉資點綴，乃招楊度回國，派在憲政編查館辦事，不過掛一頭銜而已。辛亥革命時，南北相持之際，楊度以為有機可乘，便欲一試投機手段，乃利用甫經出獄之汪兆銘，共同出名，發起組織國事共濟會，主張召開全國國民代表大會，用股票方式，解決國體問題，在他做一篇發起文章，未嘗不言之成理，但與當時南北兩方心理，都不相合，故無響應其說者。未幾，南北妥協完成，逼迫清室退位，所謂共濟會者，遂無結果而散。後來梁士詒因楊度鑽入交通界，異常猜忌，因知其發起此會時，曾向慶王領有一筆經費，遂令孫寶琦假托慶王口吻，告諸袁世凱，謂楊度操守難信，請加注意，慶王之於袁世凱，有覆育之恩，聞其傳達之言，安得不信，由是楊度便被打入冷宮，退居青島，正在書室咄咄之際，適聞袁氏有稱帝之意，因又有一試投機之舉。緣袁世凱晚年親信幕僚，以夏壽田為最，時對夏壽田作牢騷之語曰：「什麼共和共和，簡直是共亡罷了！我是不能再幹下去，你們快覓替人好了。」夏壽田聞袁氏之牢騷語，不止一次，心知其另有用意，話中有話，乃進改變國體之議，袁氏云：「此等事我不便自行開口，須由下面發動方好。」夏壽田唯唯領命。夏與楊度同出王湘綺之門，自以未及研求新學，不及楊度之足智多謀，乃密將袁氏意旨，告諸楊度，使其計畫勸進方案，於是，楊度便撰寫一冊《君憲救國論》，先將此書交夏壽田，轉遞袁世凱，著書人名，則署名「虎公」，書中問答之詞，亦用虎公之名作答。袁世凱觀之，所謂正合孤意，欣喜異常，遂以此書先交梁士詒閱看，並語梁云：「你看看楊度此書，說些什麼？」

梁士詒豈有不知袁氏交看此書之用意麼，看完了，便連聲稱讚曰：「好，好！」袁氏無言，彼此已心領神會了。第二個，是給徐世昌閱看，徐世昌更是老官僚精，看完了，讚歎不已。袁世凱以為兩個大臂膀，均已贊成，大事成矣，至對於部下大將，絕對不談此事，蓋惟恐其挾擁立之功以自重，將來難於駕馭也。夏壽田將袁氏歡欣之狀，告知楊度，並約其速來北京，共商發動方案。楊度如約而至，楊度原是一個大膽投機家喜出風頭之策士，凡所預聞之事，總須自己站在前面，早已擬定一個腹案，即組織籌安會是也。楊度到京，謹見袁氏，即自陳擬組籌安會，以為勸進機構之意，袁氏聞之，頗不謂然，語楊度云：「我們曾一塊做事，你發起此會，世人必以為我所授意，不如令與我疏遠的文化人發起為宜。」楊度則云：「某多年主張君憲，世人皆知，今發起此會，不過貫徹一向主張，世人不得而議之，請勿過濾。」袁世凱聞楊度之言，雖仍含猶豫之意，然無以難之，便語楊度云：「你與少侯商量罷。（孫毓筠號少候）」

孫毓筠，安徽人，為前清大學士孫家鼐之姪，清末在安徽謀革命，被捕入獄，辛亥革命後始釋出，袁世凱對之頗為器重。楊度之謀組籌安會，袁世凱令其與孫毓筠共商者，或者孫毓筠曾向袁氏一度勸進耳。由是楊度、孫毓筠遂共組籌安會，並拉攏嚴復、劉師培、胡瑛、李燮和列名為發起人，即一時傳為笑話之所謂「六君子」是也。嚴復曾留學英倫，習海軍，文章高雅，在清末翻譯《天演論》等等英文哲學書籍，流傳一時。劉師培為揚州派古文家，在清末頗有文名，為袁克定座上客。胡瑛在武昌謀革命入獄，辛亥始獲釋。李燮和於辛亥革命時，曾統長江水師。在楊度、孫毓筠之意中，以為拉攏了幾位學者及革命家，共同勸進，便可掩飾天下之耳目，表示天與人歸之盛況。實則所謂籌安會者，不過發表了一篇宣言書，放了一聲空心大炮而已。而實際作勸進工作者，則另有一班嘍囉在，昔揚雄作美新之文，向王莽勸進，貽譏千古，今楊度又以籌安會，貽笑當世，可謂楊家衣鉢相傳也，堪發一噱！

從事勸進工作者，除籌安會外，尚有兩個機構：一為顧鰲領導之法制局；一為梁士詒、朱啟鈐，周自齊一班交通系分子所組識之大典籌備處。爭妍鬥艷，以為爭功爭寵之地步。顧鰲於籌安會尚未發生時，即商量法律顧問美國人古德諾，做了一篇冗而且長的談話，在各報發表，稱中國不宜共和只宜君憲之種種理論，世人觀之，極為詫異，以為共和國之美國法律家，何至忽作此種言論，及籌安會揭曉後，顧鰲、梁士詒所領導之兩個機構，更忙於勸進文字，鋪張揚麗，五花八門，正在忙得不亦樂乎之際，忽聽川滇之間，一聲炮響，驚醒迷夢。楊度受此打擊，雖曾一時銷聲匿跡，但縱橫之志並不因此而灰，嘗自嘆曰：「我一生政治失敗，皆因偏於保守所致，今後當走最新路線，以為收效桑榆之計。」蓋當時左傾之風，瀰漫學界，楊度以為新奇可喜，不甘落後，乃與學界左傾分子相往來，研究其內容，並由揚州派古文家尹石公，代為搜羅唯物史觀等等一切左傾書籍，加以涉獵，遂由帝制派化為一個「牛克思」主義者，後由共黨分子，抬入共黨圈內，遂由北方移居上海，表面上與青幫中人相往來，實際上則一意與共黨相聯絡，常見周恩來之流，出入其門，久之，遂被高抬為國際共產黨東方局長，以名義而論，楊度居於東方共黨之最高一級（聞北京毛家店去歲曾經發表楊度參加共黨之史料我未見其文字）。是時共黨勢力，極為微弱，楊度以極端左傾之人，中途加入這個圈子，未曾參加實際戰鬥，故不引起社會注意耳。假令楊度至今猶在人間，他在事實上不能參加軍事行動，即令名義高高在上，亦未必能與毛家店互爭雄長，仍當閉氣而歿，由是觀之，楊度之早死，非不幸也。

血歷史88　PC0655

新銳文創
INDEPENDENT & UNIQUE

民初報壇變色龍：薛大可憶往錄

原　　著	薛大可
主　　編	蔡登山
責任編輯	洪仕翰
圖文排版	楊家齊
封面設計	楊廣榕
出版策劃	新銳文創
發 行 人	宋政坤
法律顧問	毛國樑　律師
製作發行	秀威資訊科技股份有限公司 114 台北市內湖區瑞光路76巷65號1樓 電話：+886-2-2796-3638　傳真：+886-2-2796-1377 服務信箱：service@showwe.com.tw http://www.showwe.com.tw
郵政劃撥	19563868　戶名：秀威資訊科技股份有限公司
展售門市	國家書店【松江門市】 104 台北市中山區松江路209號1樓 電話：+886-2-2518-0207　傳真：+886-2-2518-0778
網路訂購	秀威網路書店：http://store.showwe.tw 國家網路書店：http://www.govbooks.com.tw
出版日期	2017年9月　BOD一版
定　　價	360元

國家圖書館出版品預行編目

民初報壇變色龍：薛大可憶往錄/ 薛大可原著；蔡登山主編. -- 一版. -- 臺北市：新鋭文創, 2017.09

面；　公分. -- (血歷史；88)

BOD版

ISBN 978-986-94864-7-7(平裝)

1. 薛大可 2. 回憶錄

783.3886　　106011534

讀者回函卡

感謝您購買本書，為提升服務品質，請填妥以下資料，將讀者回函卡直接寄回或傳真本公司，收到您的寶貴意見後，我們會收藏記錄及檢討，謝謝！
如您需要了解本公司最新出版書目、購書優惠或企劃活動，歡迎您上網查詢或下載相關資料：http:// www.showwe.com.tw

您購買的書名：______________________________

出生日期：_______年_______月_______日

學歷：□高中（含）以下　□大專　□研究所（含）以上

職業：□製造業　□金融業　□資訊業　□軍警　□傳播業　□自由業
□服務業　□公務員　□教職　□學生　□家管　□其它____

購書地點：□網路書店　□實體書店　□書展　□郵購　□贈閱　□其他

您從何得知本書的消息？
□網路書店　□實體書店　□網路搜尋　□電子報　□書訊　□雜誌
□傳播媒體　□親友推薦　□網站推薦　□部落格　□其他________

您對本書的評價：（請填代號　1.非常滿意　2.滿意　3.尚可　4.再改進）
封面設計____　版面編排____　內容____　文／譯筆____　價格____

讀完書後您覺得：
□很有收穫　□有收穫　□收穫不多　□沒收穫

對我們的建議：______________________________

____

____

____

請貼
郵票

11466
台北市內湖區瑞光路 76 巷 65 號 1 樓
秀威資訊科技股份有限公司 收
BOD 數位出版事業部

（請沿線對折寄回，謝謝！）

姓　　名：＿＿＿＿＿＿＿＿　年齡：＿＿＿＿　性別：□女　□男

郵遞區號：□□□□□

地　　址：＿＿＿＿＿＿＿＿＿＿＿＿＿＿＿＿

聯絡電話：(日) ＿＿＿＿＿＿＿＿ (夜) ＿＿＿＿＿＿＿＿

E-mail：＿＿＿＿＿＿＿＿＿＿＿＿＿＿＿＿